密宗大解脫法

蓮花生大士 原著　嘉初仁波切 講述　楊弦、丁乃筠 中譯

密宗大解脫法

The Profound Dharma of Natural Liberation through Contemplating the Peaceful and the Wrathful

第2部 藉思憶靜忿尊自然解脫：六種中有過程完成次第教法

第3部 附加禱文

關於本書

丁乃竺

嘉初仁波切是我第一位西藏的老師。他是在一九二三年出生於四川省與藏東的交界地區，八歲時被認證爲百玉傳承都芒寺轉世靈童，自此仁波切即追隨其根本上師潛修佛法。在這段期間，他接受了極有系統而嚴格的靈修訓練。

一九五九年西藏淪陷，嘉初仁波切在其根本上師的指示下，與兩萬名藏胞集體逃離西藏。這次逃亡十分艱苦，前後歷時兩年，當他們抵達印度時，只剩下兩百名生存者。在到達印度後，仁波切即與其他傳承的上師們共同著手重建金剛乘。

一九七二年嘉初仁波切接受了達賴喇嘛及敦珠法王的指示，到西方弘法。自此長駐美國，成爲西方弘法的開拓者。

一九八一年我在加州柏克萊第一次聽到仁波切開示佛法，心中有股說不出的感動。那是我們到美國讀書的第三年，對藏傳佛法雖認識卻不深入，但是在仁波切幽默而深刻的開示中，讓我們對金剛乘有了一種新的體驗。

一九八三年聲川和我回到台灣，當時來台弘法的西藏老師非常少，而由於我從嘉初仁波切那兒受益甚多，於是和當時在五峰山弘法的林上師及幾位師叔商量，邀請嘉初仁波切來台開示，仁波切欣然接受了我們的邀請。於是自一九八四年起，嘉初仁波切每一年都來台灣，非常有系統的將金剛乘介紹給有緣的弟子。仁波切是一位既嚴格又仁慈的老師，他對學生有一種天生的透視力。

我的姐姐乃筠和楊弦追隨仁波切十多年。六年前乃筠在仁波切的指導下閉關，在她閉關這六年裡，給予她最大護持的人是楊弦。楊弦是台灣第一代民謠歌手，在他就讀台大那個時代，大家所熟悉的他，就是第一個將新詩譜為民謠的歌手。事實上，這些年他不僅是一位成功的中醫師，也是一位對藏傳佛法十分深入的修行者。

去年乃筠在圓滿了五年的閉關後首次與家人見面，我們除了欣喜於她的健康與祥和外，更感動於她對佛法的堅持與信心。在短短的幾天相聚中她告訴我，她將繼續閉關，直到對心性的領悟有所突破為止。她又說，這一生最感謝的人就是嘉初仁波切，所以也希望在閉關之餘，能為仁波切的弘法工作盡心。這本《密宗大解脫法》就是在這樣的心願下完成的。

全書由乃筠在閉關期間和楊弦在工作之餘共同翻譯完成，這是根據嘉初仁波切講述卡瑪玲巴巖藏派法本所翻譯的。在藏傳佛法中，一切修行必須經由具格的上師傳授灌頂後方得修持。但在這樣一個時代裡，許多偉大的上師都同意這本巖藏派的法本《密宗大解脫法》可以公開印行，以利益有緣的衆生。

密乘所有的修行皆爲開啓我們的心性，所有的法也都是爲了對治我們封閉而執著的習性。有緣的衆生如果能在閱讀此書後，對心性解脫的道路生起信心，這應該是嘉初仁波切、楊弦和乃筠最大的心願。

中譯序

楊弦／丁乃筠

這本《密宗大解脫法》內容爲「藉思憶靜忿尊自然解脫甚深法」，一般又名「六種中有過程完成次第教法」，從一九九五年元月起，由西藏密宗活佛嘉初仁波切，在美國舊金山耶雪寧波佛法中心開始傳授講解。每星期六、日下午講授三小時，直到四月初方講授完畢。現場由史丹福大學宗教研究博士阿倫華樂士擔任翻譯，並將之整理集結，由總社在英國的智慧出版社（Wisdom Publication）出版英文版。

中文翻譯是從英文初稿著手，一九九五年三月開始動筆。由楊弦先翻譯主文原文，乃筠翻譯仁波切的課堂講解部分，然後互相校對審閱，等英文完稿後再跟著刪改。

楊弦由於平時白天須工作，只能利用晚間和周末時間來翻譯。乃筠也只能在每天禪課結束後翻譯或整理此書兩小時。因爲仁波切講解的部分比主文長一倍以上，加上原稿有一半以上是由乃筠輸入中文，因此她的工作繁重很多。我們花費一年多的時間才整理完這本書。

這個法本原是屬於密宗寧瑪派的巖藏法，即是由佛教藏密祖師蓮花生大士著述，並將此法藏於山巖中，等到了預言的時間，由授記的法尋寶者卡瑪鈴巴將此法尋出寫下。

有關介紹如何在死亡之後解脫的《西藏度亡經》（《中陰聞教得度》），俗稱《中陰身救度法》，和這本書同屬於卡瑪鈴巴所尋出的巖藏法，也有完整的中文譯本。前者所談的是著重於死亡後的景象。但這本關於「六種中有過程成就教法」是從目前生存情況下手，以生前實修爲主。介紹如何經由訓練自心，爲何要修行，如何修習禪定，如何修夢，及經由遷識法的平日修習，以便能在死亡時直接往生淨土，是非常殊勝的法門。隨後在法性中有過程修習中，也有屬於大圓滿法的修行方法。最後在受生中有過程教法內，則談到如何關閉入胎之門免受輪迴之苦等等。

這些教法原是屬於秘密教法，弟子必須經過灌頂及上師口傳，才可讀閱修習。許多法王與偉大上師均認爲，目前末法時代是傳授此法的時候，因爲此密法若不再傳授公開，日後恐將失傳。故仁波切將之公開傳授並許可出版，讓有志脫離輪迴之苦的學佛弟子讀閱修習。

此書的翻譯，中譯者盡量忠於英文翻譯，因爲英文翻譯相當仔細。我們使用淺易白話文翻譯，有些特殊佛法名詞也不完全採用一般坊間較古的譯法，以期易於了解。此書於中文手寫完稿後，要感謝丁乃筠的幼妹丁怡文小姐在表演工作坊工作期間，幫忙前半部書的中文輸入工作，以方便編輯校對。後半部則由乃筠用電腦輸入初稿和校正稿。也很感謝廖閱鵬先生費心校勘，使這本譯著更加流暢。我們才疏學淺，譯文未達之處，敬請海內外學人、修行者不吝賜教。

此書的中文翻譯收益，全數捐給美國耶雪寧波佛法中心，主要資助該中心英文佛書的編輯出版流通經費。

願所有以此書累積的功德迴向給如母眾生，希望一切眾生早日解脫成就佛果。

序於美國奧瑞岡愛須蘭耶雪寧波閉關中心

第1部
緒言與前行法

緒言

你們大部分的人似乎都決心要成佛，而且你們在想：「我要成佛！」這是怎麼一回事？你們爲什麼要成佛？這是否出於愛國的動機？你想爲國家效力嗎？還是爲了自己？假如是爲了自己，成佛對自己有什麼利益？

我們要成佛是因爲我們正在輪迴中漂泊。輪迴是什麼呢？很多人說：「住在舊金山眞不好過。」有些人說：「是的，但住在洛杉磯更糟。」更有些人說：「住紐約更糟。」這是不是「在輪迴中漂泊」的意思？或從一個城市到另一個城市？不是的。

輪迴指的是有情衆生的六道，從地獄道到天道。當我們在六道漂泊時，我們就受制於每一道特有的苦；當我們成佛或完全證悟時，就能脫離這一切的苦境。暫時可得到的福報是我們可再轉世爲人類或天神，絕對與永久的福報就是得到證悟，一旦得到此就會擁有眞正的自由。你可問自己：「我有那個自由嗎？」我沒有，也不期待你們會有。我們爲證悟而努力，是爲了得到眞正的自由。

以下是六種中有過程❶詳細的教學。這整套法名爲「藉思憶靜忿尊自然解脫」。「自然解脫」也可以譯爲自我解脫、自動自發或自然的解脫。

法本一開始就是皈依靜忿尊的三身❷。大體上來說，一切法是無偏頗的。自然解脫這個題目有三個部分：前行，主要的教導和修法，總結。在前行內有兩個標題，第一個是訓練自心流，第二個是降伏自心流。訓練自心流有四個部分：皈依與發菩提心的教導，念百字大明咒來淨化我們的罪業的教導，修上師相應法來讓我們速得加持的教導，以及獻曼達拉來完成功德與智慧這兩種資糧的教導。

降伏自心流的教導有三部分：思惟輪迴三界的苦，思惟圓滿閒暇人身非常難得，思惟死亡與無常。訓練自心流的四部分和降伏自心流的三部分加起來就成爲七支前行修法。之後是這個教學眞正的修法，分六部分，是六種中有過程的教學。

降伏自心流的前行法，有思惟圓滿閒暇人身如何難得的教導。你們很多人已拿過這些教導，所以你們可能非常強烈珍惜你們的白教圓滿閒暇人身或紅教圓滿閒暇人身，認爲這些是有關聯的。這就錯過了重點。當你想到圓滿閒暇人身難得時，你應該與四聖諦連在一起，特別是第一聖諦：苦諦。苦諦的要點是一定要認知苦。你一定要認清你所承擔的苦的深度與廣度。只有在此基礎上，你才會完全了解圓滿閒暇人身的眞正意義，修行的路才會好走。據說是如此，但是誰知道呢？我還在輪迴中，就像你們一樣。

關於六道中各道特有的苦，天道的苦是預期死亡的來臨，也就是說在死亡快來臨之前，天神會經歷極大的哀苦，因爲他們知道將會轉世到比較低的道。阿修羅道的苦是爭鬥與侵略。人道特有的苦是生、老、病、死。動物的苦是愚癡與魯鈍。餓鬼道的苦是飢渴。最後，地獄道的苦是酷寒與極熱等。

認知了六道輪迴裡的不同苦之後，我們應了解自己目前已得到圓滿閒暇人身，也就是說，我們有人身。我們不但有人身，我們也碰到一位或更多位可引導我們證悟的大乘傳承靈修導師，我們甚至有幸可以聽到即身成就的法門。

在認知多麼難才能得到圓滿閒暇人身與擁有人身的重大意義後，我們還需繼續思惟目前所擁有的珍貴人身是很短暫的。當談到六道輪迴的各種苦境時，我們可以自問：「不論在人道或地獄道，我們爲什麼承受這些苦？我們是否被某人懲罰？這是否像中國共產黨對西藏人的暴行一樣？是如此嗎？或者，是否像美國政府對印地安人的暴行一樣？是這樣嗎？我們是否像西藏人與印地安人一樣被懲罰？」答案是：「不是的，完全不是的。」

我們爲什麼受苦？我們因爲從事不善行才受苦。苦是惡業的自然結果。談到行爲與其結果的關係，稱作業力的因果律。不善行的結果是苦，善行的結果是樂。所以是我們在懲罰自己，是我們在給予自己的行爲報應。我們承受自己行爲的自然果報，並沒有外在的媒介來懲罰或酬賞我們。你們認爲如何？

關於西藏人與中國共產黨的狀況，假如西藏人在他們的過去世沒有犯不善業，他們就不會承受中共給予的苦。沒有不善業就不會有苦果。同樣的，當這些從英國、德國或其他歐洲國家來的非法移民霸占了美國，並將各式各樣殘暴的行為加在印地安人身上時，假如這些印地安人在過去世沒有犯惡業，他們也就不會承受這些非法的歐洲移民所加諸的苦。假如你相信業力的話，就是這個情形。假如你不相信業力，那就沒話說了。

至於行為與其結果，沒有一個行為是虛耗掉的。沒有任何的行為，不管是圓滿或不圓滿，善或不善，是沒有果報的。在我們目前的狀況中，我們很容易會認為可以避開很多事情，也會認為我們的惡行是不關緊要的，因為我們不需要承受惡果。事實上這是一個錯誤的想法。例如，這些美國印地安人如果在過去世沒有傷害別的衆生的話，他們就不會受到這些苦。西藏人也是一樣。因果輪轉持續不斷。當這些白歐人移民至美國時，他們給予印地安人很大的傷害，如此，他們累積了巨大的惡業，是他們在來世或甚至今生就會承受到的。

業力就是如此輪迴不停的綿延下去，因此，蓮花生大士曾說：「雖然我的見地像虛空一樣廣大，一旦碰到行為與其結果，一旦碰到業力，我是非常精確的，就像麵粉的顆粒一樣。」假如我們不學著做的話就不是佛教徒了。至少，身為佛教徒是很難不對自己的行為小心的。

我被請求給這些教導。請求這些法是很好的，你們能修這些法也是很好的。你們能對這些不同的理論與修行有所了解是非常好的，但你們也應該要知道這一切的目的是為了什麼？

知識的目的是什麼？修行的目的是什麼？假如你在生活中從事的是世間八法❸的話，那麼事實上這並不會帶來智慧。它不會帶來眞正的學識或者是使你成爲一個修行者。事實上，如果你只是從事世間八法的話，那麼你與世界各國和美國本土的政客一樣，學了很多。他們也非常聰明，知識非常豐富，很努力修行，但他們是在修世間八法，所以你變得與他們一樣。修學世間八法對來世是無益處的。相比之下，無上佛法的目的則是能利益你的現世與來生。

至於要檢驗我們的佛法修行是否被世間八法所污染或是與它等同，我們必須認識自己，往內省察自己。至於我們的聞思修，我們必須自己檢查來確定我們的修行是否純淨。沒有必要把手指指向別人：「你看這人是如何走歪了，那人是如何耽溺在世間八法內。」沒有必要這樣做。而且當我們如此做時，別人的回答當然是：「不要管我。」或「管你自家的事。」請不要管別人的閒事，讓他們去吧。

在修密宗的信徒中，或世界各地學習佛教理論與修行的佛教徒中，有很多人事實上是在從事世間八法。假如我們的靈修是被世間八法所污染或滲透的話，這就像把毒藥傾倒入「中道」內。當我們讓自己的修行被這樣污染而中毒時，我們在佛法上所得到的知識都被浪費掉了，我們在佛法上的努力也被浪費掉了。所以請好好思考這一點。請檢驗自己的了解與修行是否超越了世間八法。

發心

不管我們從事聞思修的哪一種修行，我們都需要正確的發心。什麼樣的發心呢？假如我們檢查自己從嬰兒時期到現在的身、語、意的行爲，我們可以問自己：「那些行爲有什麼價値？它們在什麼方面有任何益處？」它們可能一點益處也沒有，或者是有些微的世俗利益。但是在製造這麼一丁點的世俗利益時，這些行爲實際上是使我們在輪迴中繼續漂泊。直到現在，這些活動對我們成就佛的兩種身（色身爲了利益他人，法身爲了成就自我），很明顯並沒有任何助益。

這有什麼意義？這個意義在於我們都會死亡。不管我們想不想死，這就是我們的宿命，而且我們對它完全沒有控制力。我們無法控制如何死亡。我完全保證我在死時無法控制它，我也懷疑你們能控制它。我是基於什麼來做這結論？看看我們的日常生活，我們對自己的三毒：貪、瞋、癡，有什麼控制力？這些毒是否整天占據了我們的行爲？就算我們在白天對自心與生活有一些控制，但是在晚上的夢境我們又有哪種控制力？我們有無任何的控制力？假如我們日夜都沒有控制力的話，我們有什麼立場能幻想我們將會在死後中有過程內漂泊時有一些控制力？這是我們所有人的眞實狀況。我們都一樣沒有控制力。

我們對自己的生命不能自主，在我們周遭都可以看到很多例子。例如，有菸癮的人雖然知道吸菸會導致肺癌或其他疾病，他們的親友也許懇求說：「請戒菸，我們希望你能活久一點。」他們自己也可能很想戒菸，但是沒有控制力。同樣的，我們酗酒，朋友說：「請停止喝酒，這是有害的。」我們也可能想停，但沒有意志力，沒有控制力。

談到佛法，我們看到很多人說：「我要修佛法。」但談到實際修行時，我們並不去做。我們只會說等將來情況比較有利時，我們才會修，但目前，我們非常忙碌。我並不是針對你們；我覺得我自己也是這樣。還有，我有一些學生二十多年前說：「嗯，我第一件事情是先把經濟狀況弄妥善。我要先賺錢，然後才可以做別的事。」幾十年過去了，我看這些學生的經濟情形還是跟以前一樣。他們並沒有得到期望的經濟保障，反而累積了很多惡業。

這些問題值得我們仔細思考。我們應該好好的聽聞和思惟。當你曉得這點，並且對善業、惡業的區別有一些了解後，假如你明知故犯惡業，明明知道對自己或別人不好，這就像知道面前有一杯毒藥還是把它喝了一樣。這情況是完全一樣的。也就是說，每一剎那當我們從事被三毒或五毒❹所占據的活動時，就是這些活動導致我們延續自己的輪迴。

許多往昔的偉大精神導師已遠去了。無常已鳴喪鐘，他們都走了。同樣的，皇帝、有錢的、貧窮的、美麗的、醜陋的，各式各樣的人都滅亡了。他們全部都受制於無常與死亡的眞相。人生的情況既然是如此，有誰能保證我們不會面對死亡？誰能保證可以拯救我們不受自己行爲的果報？誰能保證可以救我們不受無常的牽引？沒有任何人或天可以如此保證。

爲了這些理由，我們需要眞正修佛法，而現在就是時候，不要拖延了。不要有任何藉口。假如我們拖延的話，我們就輸定了。那並不是靈修導師、佛教、修行中心或別的事物的損失。假如我們如此延誤，我們就是失敗者。而且，重要的是認清聽聞佛法的方法與聽聞別種教學不一樣。例如，在高中或大學是另一種方法。適合其他世俗狀況的，未必適合這兒。至於請法和聽法，重要的是把心放慢下來，讓心歇息，以專心和自省來聆聽這些法。

回到發心的主題，我曾說過，如果你們有正確的發心，我很歡迎你們來聽聞和研讀這些法。即使沒有皈依過三寶的人，假如你們修這些法的話，我也歡迎你們來研讀這些教學。我尊敬這些人，我也尊敬曾皈依過與持戒的人。兩者我都尊敬。假如有人是以閒散好奇的心而來聽法的話，只是想知道：「這是怎麼一回事？」我並不尊敬那樣的態度，也不歡迎這些人直接或間接的來研讀這些法。去做別的事吧！這與你們無關。有善發心的人，我相信你們都是因爲想學佛法、想修這些法，所以我很高興成全你們。我非常樂意回應你們的意願和興趣。事實上，這個對我也有幫助。當我面對自己的死亡時，這些教學對我也會有益處。

有幾種正確的發心。你可以有非常廣大、高貴與高超的發心，就像大乘的願力。這非常好。不過，即使你們的發心只是爲了自己從痛苦中解脫，這也夠了。但是我們應該超越一個只是普通的發心。這時應有的發心是成就圓滿的證悟，爲了自己也爲了利益他人。以這樣的發心來聞、思、修。一般來說，有三種發心：完善、不完善和非善非不善的發心。在這三個之中，我們要帶出完善的發心。這時重要的是，我們不要掉回自己的舊習性中。

在西方，很多人是從小被人稱讚我們是多麼好，我們樣樣都被稱讚。我們入學後，這樣被稱讚，那樣被稱讚，乃至我們變成被寵壞的成年人。當我們年紀越來越大時，身體開始退化，先前好看的外表開始衰退。這時，很多人也許會因爲失去被人稱讚的外表而開始緊張，於是就花費很多功夫去維持外在的美。在這過程中，我們非常可能會與貪瞋癡三毒爲伍。我們也可能用所有的方法去阻止容顏的逐漸凋萎，有一些人甚至會考慮外科整型手術。這一切是爲了維持好看的外表。總而言之，這一切努力都是我執的表現，這就是基本無明。像這些由我執造成的行爲是不適合這些教學的。

通常西方人在受法的時候非常積極記筆記或錄音，這樣他們回家以後就可以收藏起來。然後，他們與別人分享這些法，他們告訴朋友關於這些法的內容。然後，他們就完全丟棄這些法，也許把這些筆記或錄音帶留在廁所和衛生紙擺在一起。這樣一點益處也沒有，不但不會達成這些教學的眞正目的：解脫或證悟，而且這種不尊敬反而會使你們墮落到下三道。

你們可以和誠心修法的人分享這些開示，至少爲了自己眞正的利益，最高超的則是爲了利益所有衆生。但你們不可以將這些法與缺乏尊敬、虔信心的人分享。假如你們教這種人的話，會導致你們自己的早死，或投胎到不幸或不好的下三道。

請尊敬這些教學，這是我對你們的要求。當然，如果你們不聽我的話，那就是你們自個兒的事了。我再強調一次，你們可以小心的與人分享這些法。

關於發心，另外一點是你們應該知道的：虛空中無數的衆生就像自己一樣期望快樂與脫離痛苦。你們應該發願爲了讓虛空中所有的衆生能得到解脫和完全的證悟，來接受、修持這些六種中有過程的教學。

如果想學習正確聽聞佛法的方法，我建議你們讀《我完美上師之教誨》（The Words of My Perfect Teacher）裡的第一章，特別是對西藏佛法不太熟習的學生可以先熟讀它。現在有很多人對大圓滿法有興趣，它是佛法九乘教學和修法的極致。如果你想要領受如此甚深教法，卻不知道如何才是正確聆聽佛法的方式，那將是個羞辱。

舉例來說，敦珠法王曾說過一個故事。有位老和尚旅行在外，晚上需要一個地方住，他來到一位老太太的家請求留宿一晚，這在西藏是個尋常的習俗。老太太讓他住下且端茶給他喝。然而，她的茶沒有鹽和奶油，這兩樣東西是藏人喝茶通常會加入的東西，所以離正規喝茶方法還差了兩步。老和尚嘗了口茶之後變得很不高興，說道：「這茶連鹽味都沒有，更別說是奶油味了。應該倒掉。」於是他將茶從窗戶倒出去。老太太看了他的反應後說：「哦，『尊貴的』和尚，從你的反應和禮節來看，你的舉止似乎連十六種世間禮節也沒有，更別說是神聖的佛法舉止了。所以我也要把你倒掉！」聽法應有適當的方式，這就是聖法的禮儀。

我也歡迎小孩來聆聽、研讀這些教學。他們可以得到聽這些法的利益，雖然目前他們還無法修這些法。小孩子來參加灌頂時也是一樣。他們可以得到灌頂的加持，雖然他們並沒有實際拿到或有責任去守三昧耶誓戒。因此，小孩子們的三昧耶不會退化也不算是被保存，所以他們的狀況是不一樣的。我喜歡小孩。他們與我們不一樣，他們並沒有汪洋般的執著，也沒有火山般的傲慢。身為成年人，我們有更多的責任。

◆第1章

降伏自心流前行法

現在我們開始講前行修法，它是佛法眞正的核心。

目前不是走捷徑的時候。從無始輪迴以來我們已經在走捷徑，這是導致我們輪迴不止的原因。如果我們還像以前一樣走捷徑，那麼我們將來也只會不斷在輪迴中漂泊。因此，好好聽聞、研讀和修這些法是很重要的。

沒有這樣做而認爲你可以把這些教法傳給別人，那是一個恥辱，你會完蛋。這一切都是大圓滿法的教學，不應該以如此輕鬆或大而化之的態度對待。想直接跳到六種中有過程教法的人，如果你們忽視前行法，你們眞是錯了，而且完全錯過重點。

以下是關於降伏自心流的前行法，以禱文開始。

我以虔信至誠心敬祈，
原本普賢如來法身佛，

勝者報身靜忿諸本尊，
暨蓮花生大士化身佛。

首先，法本有標題或名字的目的是什麼？這有幾個理由。第一，對佛法非常熟悉的人，只要看到法本的標題，就會對整套法從頭到尾有一個非常清楚的感受。標題會讓這類人知道這套法是屬於哪一乘、哪一類的教學。

舉例來說，就像藥物，有一小張標籤寫著藥物的名字、成分和效用。對於很有學問的人，法本的標題就是這個作用。對於學問不足的人，在看到法本的標題時，他至少會有一些概念，知道這可能是大乘的法，雖然他們不會完全知道這法本的結構和意義。第三，如果你有法本的標題，至少你知道如何去找到這套法。

其次，有一個四句的皈依偈。皈依是爲了什麼？確實是有好幾種皈依：向上師皈依，向本尊皈依，還有很多其他等等。這是爲什麼？把皈依放在法本的開始有幾個理由。一是，作者實際上是以皈依偈祈請證悟者允許他把這法撰寫下來。這也是向證悟者祈請加持，特別是讓他可以順利寫完整套法本。他也祈求加持這一套將要寫下的法，好能利益衆生、流傳佛法。

接下來是撰寫此法的承諾，這是主文開頭的第三句。作者承諾撰寫的理由是什麼？假如是世俗心態的現代作家，著作的目的可能是爲了利潤。撰寫這些法的偉大聖士不是這樣。他們撰寫這些法的發心是爲了利益衆生。這就像選擇本尊一樣，你選好了要修的本尊，以此選擇你也承諾要實際成就本尊。在發這願諾的過程時，你把自己生起爲本尊，例如文殊菩薩，以文殊菩薩再去從事要做的活動。這是一個方法。另一方式是你單只祈請文殊的加持進入己身，助你完成該做的工作。還有一個主要承諾的目的是爲利他而好好的撰寫，並發願寫完整套法。我們可以看到這一切都與發心有關，而且很重要的是一開始就已建立好。就如同我們每天修法前先念誦「爲了等天衆生」，然後再修我們該修的法，在開始撰寫這套法也是一樣有這願諾，因爲發心是首要。

經由祈願力，中有過程經驗之教法，為饒益訓練自心之弟子而揭示。包括前行、正行、結論之教法。此為前行漸修教導法，為一般根器弟子明揭示，導言修法正符上師之傳承。

作者是在說這不是他自己的創造。這是根據上師的傳承，暗示這是源自金剛持。「明揭示」這幾個簡單的字有很多涵義。在一些法本有主文或正文，還有很多的論集，這一切的論集就像樹枝一樣的向外延伸，可能多到把根給遮蓋了，以致於你被繁多的細節給綁住而忘了主文。那可能是一個問題。另一種問題是如果主文太精簡的話，你又無法了解。

這兒「明揭示」表示這套法不會太廣泛或詳盡到讓你忘了正題，也不會太精簡到讓你不了解這是怎麼一回事。

這個主題以六個項目傳授：一、思惟輪迴之苦，二、思惟圓滿閒暇人身極難得，三、思惟死亡與無常。這些是降伏自心流的前行法。訓練自心流的前行法包括：四、上師相應法，五、念誦百字大明咒，六、獻曼達。

思惟輪迴之苦

如果你不思考輪迴之苦，就不會對輪迴生起幻滅感。如果對輪迴不生起幻滅感，不管你修任何佛法，都不會解脫此生，而且對此生的貪戀與執著也不會被切斷。所以，思惟輪迴之苦是極端重要的。

主文裡「輪迴之苦」指的是四聖諦中的苦諦。我們需要承認苦的眞實性，並認清苦是以什麼方式才是苦，也要了解它爲何是苦。否則的話，對輪迴的幻滅感不會生起。沒有這樣思惟的話，我們的自然傾向是執著於輪迴。因此，如此思惟我們才能抵銷對輪迴的執著。沒有如此思惟的話，不管我們從事任何修行都不會有效，因爲沒有根基，所以不能助我們脫離苦。沒有對輪迴的幻滅感，即使表面看起來好像在修行，事實上並不是眞正在修佛法。沒有眞正修行佛法，就不會有任何的解脫或證悟。

很多人也許會反應，至少在心裡會想，他們已聽過這些前行修法很多次了，他們完全熟習這些法。你也許認爲你已懂了，但你並沒有眞的懂。這是什麼意思？是你仍然執著於輪迴。你對輪迴還是執著的事實，就是你沒有懂前行法的證據。你沒有得到前行修法的眞正益處。你沒有把心轉離輪迴。假如你去看轉心四念❺，它有提到輪迴的苦。單只是聽到它們或者只做了一丁點的思惟，並不表示你已經了解。假如你了解的話，你就不會再對輪迴執著。這是非常明確的。但是我們還在這兒，我們還在輪迴中，我們還眷戀輪迴，而這個原因就是我們還沒有徹底了解前行法。

首先，去一個會引起幻滅感的地方。如果可能的話，到荒僻之處，頹圮的廢墟，有乾草在風裡發沙沙聲的田野，可怖的地方，或者到曾經興旺但後來衰敗潦倒的可悲病患者或乞丐聚集的地方。如果沒有的話，你獨自去靜僻之處。至於你的姿勢，坐在舒適的墊子上，把一脚盤起。把你的右脚弓起，足心踏地，左脚彎曲，平置於地，把右肘放在右膝上，把右掌貼在右面頰上，以左掌緊握住左膝。這個絕望的姿勢會導致完全的沮喪。

然後心裡思惟輪迴之苦，口中說這些話而且專注於這些話：「哦！哦！可憐的我！輪迴是苦！涅槃是樂！」如是思惟：「啊！我陷在三界火宅中，我很害怕！啊！現在是從此生中脫逃的時候。三界輪迴的苦是無限、無法忍受的，即使是一剎那的喜悅也沒有。目前是準備迅速逃脫的時候。」

觀想：「輪迴是個極熱的大火坑，很深、很廣、很高。我與輪迴中的其他眾生，在如此恐怖的火坑中哭嚎。」然後以悲哀的聲音說：「啊！我在這輪迴的大火坑中很害怕。從無始以來，我已被燒，而且我很懼怕。」當你在說出這些悔恨哀痛之詞時，觀想在這火坑的上空，你的根本上師穿戴六種骨飾，並手持一個光線的鉤子。觀想他對你說：「啊！悲慘的輪迴就如火坑。現在是從火坑逃脫的時候。這不幸三界的苦楚是無限的，甚至連一剎那的快樂也沒有。現在是脫離火坑的時候了。」

單只聽到這些話，就會生起這個想法：「啊！我已長時間陷在輪迴之苦的火坑裡。現在，當我聽到根本上師的話時，我將逃脫輪迴。而且，我將使每一個眾生得解脫。」一旦你帶出這個菩提心時，觀想你的心被上師手中的鉤子鉤住，而你立即解脫入極樂淨土。一個光線的鉤子立刻出現在你的手上，同時你把火坑中的眾生一個接一個救出來。對輪迴中所有有情眾生誠摯地培養慈悲心。

當你如此思惟時，你應該加上曾得過更詳盡傳授六道各個苦的前行教法。如此思惟的效果是什麼?它促使你的心從輪迴中轉開。它也幫助你在兩種菩提心上的進展：願菩提心與行菩提心。

> 不停地如是思惟輪迴之火坑、輪迴所有的苦。日夜繫念於此。某本佛典說過：「喜悅永遠不會在輪迴的針尖上被找到。」如此，思惟輪迴之苦直到幻滅感生起。一旦你的心從輪迴中轉開，你就確定了對佛法的需要，而且禪修經驗會生起，因為已無對此生的渴望。

主文裡「輪迴所有的苦」是指六道輪迴中的每一類眾生所承擔的苦。一旦你的心從輪迴中轉離，這些句子「我會修行」或「我需要修行」或「我想要修行」就變成真的了。你的意願會是真的，而且它會把你直接帶入聞思修的真正修行中。

> 如果你的心不從輪迴中轉開，禪修就無意義了。如此思惟三天，然後回來。以此思惟的話，暫時你的心會從輪迴中轉離，最終你會證入涅槃。如是修習！思惟輪迴之苦是《藉思憶自然解脫：六種中有過程經驗教導》的第一段。

不管你是在閉關或在家裡思惟，這就是起點。這樣的思惟建立了一個基礎，而且如果你好好培養，那麼隨之而來的會是很有意義的。如果你在這種使心轉離輪迴的思惟中建立一個好的堅固基礎，你會有好的結果。如果你如此做的話，你就不會永遠在急切等待修行的下一步是什麼，就好像你剛進入電影院去看電影而且極想知道電影會如何進展一樣。相反的，你會有一個堅定的基礎，並且你會有很好的進步。

不管我們已修行多少年，二十年、十年或八年，或者像我是已經修六十年或六十五年了，我們可以看看我們自心中所生起的是什麼。我們悟了什麼？了悟還是沒有在很多人的心中生起，這是因爲缺少這些基礎重點的了解，所以我們還沒有證悟。這就是爲什麼我們還沒有實現理想，爲什麼我們還沒有成就，因爲我們還沒有確實建立這個根基。

如果我們尋找心靈的寧靜，我們就應該從事這樣的修行。菩提心也是從這種思惟而來，這樣的思惟也可以降低心裡的痛苦。當修行者說他們的心在改變或轉化時，這就是因爲他們在如此的思惟上建立了一個堅固的基礎，佛法才眞正在心裡生起。否則的話，我們會對自己的知識和經驗非常「自以爲是」。這個態度就像鹿的角一樣，又長又大，令人印象深刻。如此一來，佛法的修行只是在嘴上而不是在心內。

蓮花生大士說：「如此思惟三天，然後回來。」你們有一些人已思惟這個遠超過三天。

但是，你可以思惟這個三天、三月、三年，一旦你成佛後，你就不再需要如此思惟。以此修行，心會轉離輪迴。以聽聞、思惟與禪修的修行，你最終可以達到涅槃。

爲何輪迴的本質是苦？那是什麼意思？重點在於認清輪迴的本質，你才能發現輪迴的根源。在這個過程中重要的是認清快樂與痛苦的眞正原因。這是你必須爲自己知道的，認清樂與苦的因是最重要的。單只是說：「哦！我不喜歡苦。」或「我不喜歡輪迴。」是不夠的。

當我們談到輪迴時，好像是一個不好的東西。輪迴到底是什麼？當你想要確認輪迴時，你指的是什麼？誰是輪迴？如果你在猜想輪迴是誰的話，你可以指向你自己。我們每一個人就是自己的輪迴。輪迴與我們是一樣或不一樣的？除了我們本身的存在以外，任何地方都找不到輪迴。是我們在經驗痛苦，是我們在經驗喜悅，而且，是我們在創造自己的輪迴。輪迴是否被創造的？是的，是我們創造的。這是如何發生的？我們是以貪、瞋、癡三毒創造了輪迴。這些毒的本質是妄念。就是這個創造了我們的輪迴。

我們所有的人都有執著。我們執著於一樣又一樣的事物。我們都受制於嫉妒，我們都有瞋恨，我們也有傲慢，而這一切毒的本質是妄念。這就是我們所擁有的。我們是這些貪瞋癡慢嫉五毒的組合體。這一切的本質都是因爲「我執」，執著於一個實存的個體。而事實上，並沒有一個獨立存在的我。這是一種妄念。另一種妄念是執著於主體與客體，也就是二元對立。這些是妄念的本質，而妄念又是五毒的本質。

我們目前已有一個四大或五大所組成的身體，而且這個身體本身就是痛苦之源。有了身體，我們就造作不同種類的惡業。在十種惡業裡，有三種是身體的，四種是言語的，三種是屬於心性的。當然，惡業並不是只有十種，但是，這些會帶動出一大堆不同種類的不善業。因爲犯了惡業，就導致我們往不同的惡道裡投胎，視我們動機強烈程度而定。如此惡業可能牽引我們轉往八個熱獄或八個寒獄中的一個，也可能會導致我們投胎爲餓鬼，也可能導致我們投胎爲動物。在人道之外有阿修羅，他們特有的苦是競爭與侵略。最後是天神，他們的苦是當生命快結束時，經歷非常大的痛楚。

在人道中特別可以看到個別差異。即使在一個家庭裡，每一個人的功德、壽命、承受的痛苦等，都有很大的差距。這一切在人身或別的生命形態中的差別，是我們過去的行爲與業力的結果。是我們創造了這些，我們是創造者。我們只要看看這兒所聚集的人，就可以看到衆生廣大的差異。從某個角度來說，很明顯的有男女的差別，而且在長相上等等也有很多的不同。

我們就是自己痛苦的創始人。即使一個人擁有龐大的權位如帝王或世界領袖，也很難找到沒有痛苦或五毒的人。甚至在喇嘛中也是很難找到的。最偉大的喇嘛才是不可思議的，但其他大部分的喇嘛很難沒有痛苦或不受制於五毒。一個人不管是擁有權勢、富貴或美貌，都不應該以自己的條件而自負。如果自大傲慢，這只會帶給自己羞辱。即使你位高權重如總統或國王，如果你受制於痛苦、五毒而你還很自大的話，這只會帶給自己羞辱。再者，特別是身爲上師的人，如果他們覺得自己很特別的話，這就是一個很大的錯誤。

假如你們對剛剛所提到的狀況不小心的話，這會帶來羞辱。小心的做法就是去檢查你自己的心。如果你不謹愼自心的話，你會蒙羞。即使你假裝以利他的動機來服務衆生或佛法，如果你不檢查自己的心，你可能會變成西藏格言所說的：「一個人只是外表看起來在服務他人，但是內在是爲了自我利益而汲汲營營。」嘴上說利他，但實際上內心是完全自我的。如果你以這種不正的方式來修行的話，不管是在服務衆生上或佛法上都會導致恥辱。只在外表利他，但實際上卻爲了自我利益而把事情扭曲，只會損害了你的自我利益。事實上你可能可以欺騙別人一兩個月，之後他們還是會發現。佛與菩薩是全知的，所以你根本不可能瞞得了他們。你也不可能欺瞞護法與護法眷衆中的神靈。

你倒是騙了一個人，那就是你自己。任何時候你欺騙別人，第一個你欺瞞的人就是你自己。結果是你自己的損失。假如你覺得自己是一個有慈悲心的人，那麼首先最重要是去看自己是否眞正有慈悲心。開始的時候，我們很難有眞正的慈悲心。只要我們有很強的「我執」，那麼這就妨礙、排除了慈悲心。所以仔細的看。佛與菩薩是已經拋棄了我執的傾向，眞正爲衆生的利益而努力。

小時候，我時常對我的根本上師說謊。我會撒小謊和講大話，他們會聽，然後說：「哦，我知道了，我了解了。」好像他們正在欣賞我所說的一切。我以爲我騙了他們，而事實上他們根本知道是怎麼一回事，他們只是在跟我玩。後來在印度時，我接觸到偉大的喇嘛如大寶法王、達賴喇嘛、敦珠法王等，在與這些喇嘛談話時，即使他們說：「是的，是的。」好像他們同意、接受我們所說的一切時，如果我們向他們說謊的話，只會導致我們自己的恥辱。從他們的角度來說，一切組合現象是無常的。他們看這個世界就如十種比喻一般，如幻如焰如鏡中像等等。有些喇嘛是眞正的大圓滿大師，他們住在大圓滿的境界中。

我要強調的是，如果我們欺瞞或欺騙別人，其實是自己的損失與羞恥。在印度和在從前，有很多人向偉大的喇嘛撒謊。很多貴族對著達賴喇嘛講東講西，他們以爲自己欺瞞了他。而事實上，他們眞正成功的是使自己蒙羞。要小心你所講的話，重要的是不要欺騙。但是也不需要太誠實以致到處去向別人講你剛剛所看到或聽到的等等，有時候沈默比較好。

當我們看到六道的狀況，想到這是我們自己創造的，這可能讓我們看起來好像聰明有力。從某個角度來說，我們是這樣沒錯。但從另一個角度來說，並不見得。當我們批評別人：「他做了這個。她又做了那個。他們做了這些事。我是好的……」我們可能在指出別人的錯誤與擊中他們時，會得到一些滿足感。但是在聽我們毀謗別人的聽者，會看出我們實際上是專門喜愛苛刻地抨擊別人，因此，即使只是當這些話流出時，我們已經使自己蒙羞。別人會看出我們是那種愛貶低他人的人。看起來我們好像有不可思議的大力去創造輪迴不同的道。

思惟圓滿閒暇人身極難得

如果不思惟圓滿閒暇人身極難得的話，就不會想到佛法，所以如此思惟非常重要。至於地點，到一個有昆蟲、螞蟻與各種動物的地方。至於姿勢，雙足盤坐，手結禪定手印。

「圓滿閒暇人身」當然是指我們目前已有的十種圓滿與八種閒暇❻。所謂的差別也就是此生與此身。這人身是非常難得到的。我們現代人對此身有相當不尋常的看法，時常有女人會把子宮內的胎兒殺了。前一陣子，你們可能記得在美國南部有一個女人把車子駛入湖內，殺了她的兩個小孩，人們都震驚怎麼會有人做這種事？他們很訝異，我卻一點也不覺得有什麼好訝異的。另外有一個女人把自己的小孩從橋上扔下，人們都很震驚怎麼會有母親做這種事？從我的角度來看，這一點也不驚人。因爲墮胎是很尋常的，有些女人已墮胎三、四次。墮胎如此普遍的話，一個女人在小孩大一點時殺了他又爲何值得震驚？有什麼大的差別？

我們目前的人身可以做爲成佛之因。它可以是我們有效服務他人與幫助他們脫離痛苦之因。這就是圓滿的稟賦，而且這就是此身的潛能。佛果的殊勝看起來崇高而偉大，但是我們應該了解，我們目前擁有的此身正是成就佛果不可思議之因。同樣的，我們也許會對菩提心的大愛與慈悲感到敬畏，而菩提心也是可以用此身來培養。如果想多了解圓滿閒暇人身的珍貴與稀有，就回頭研讀轉心四念，也就是回到基礎。你應該一直回到基礎，直到你完全領會到它爲止。

如此思惟：「啊！人身的獲得就是為了現在。如果我現在不以此身修持佛法，以後就會很難再得到人身。再者，單只有我一人得到人身是不夠的，因為三界衆生已長久輪迴於惡道。哦，慈悲心！」

以悅耳的聲音說這些話，讓它們喚起你的注意：「啊！啊！可憐的我！得到珍貴人身就是為了現在。如果我沒有在此生成就任何佛法，以後會非常難再得到人身。可憐所有三惡道的衆生。」

以那些話來喚起你的注意，然後如此思惟：「在廣大虛空宇宙中，衆生在地獄中痛苦嚎叫，餓鬼在承受不能忍受的飢渴之苦；所有的動物：老虎、豹子、黑熊、棕熊、狗、狐狸、狼、牛、羊、綿羊等，互相殘食。在土地下有紅螞蟻、黑螞蟻、蠍子、蜘蛛，還有布滿世界各地互相殘食的昆蟲。水裡面有無數的水生動物，包括魚、青蛙、蝌蚪，相互殘殺。在空中有禿鷹、鳶、鷲、鷹、麻雀、烏鴉、鴿子、鵲、以顫音唱歌之鳥等等，布滿天空互相殘食。甚至布滿天空的飛行昆蟲也互相殘食，發出哀苦之聲。」

在輪迴中，有衆生所承受的一般苦楚，然後是個人所可能轉入不同道的特別苦。一般來說，痛苦的強烈度、被經驗的方式與受苦時間的長短，是由個人行爲所創造。一個人的業力是決定因素。

觀想整個天空與大地恐怖地大震動。然後思惟：「在衆生之中，只我一人無伴地在高巖山峰上。只有我得到人身，而我在墮落邊緣。啊！在地獄道、餓鬼道與畜生道的衆生中，只有我得到人身。目前這獨特狀況是否只是我的好運或者是我的福報？一旦得到如此難得的人身，如果我無目的地空手而退轉的話，我將陷入苦海中。多麼枉費此生啊！雖然我現在已獲得很難得到的人身，但是我並沒有時間可以浪費，因為我確定將很快會退轉至那兒。現在什麼是最好的方法讓我避免退轉？它在哪兒？啊！可憐的我！哦，我真害怕！」

誠摯說出這些悲語：「啊，我很害怕！啊，我很害怕！在惡道中有如此多的衆生。人身如此難得，而我很快將會退轉。這個難得的人身很容易被毀。我要如何才能解脫？假如有一條道路，我將跟隨。」

「難得」但又是「很容易被毀」，指的是人身。圓滿閒暇人身之因是很難得到的。而且一旦得到，它是很容易失去的。有很多的因素導致它的毀滅。我們需要生起一個非常強烈的決心去做該做的事，讓我們可以重得人身。

當你說出這些哀苦的話時，如前觀想你的根本上師在你上方的空中出現，持賜護佑之手印，然後對你說：「啊！這個難得的圓滿閒暇人身，只有目前才得到，而且是無常的。不久你將會墮入輪迴惡道中。如果你不以此去成就大事的話，以後將難再找到人身。看看眾生的數目，人身是否極稀有？依此人身去成就佛果！」

「大事」是指利己與服務他人的需求。如果在此生中，沒有成就這二者中任何一樣，就沒有必要再猜想將來能否期待同樣的情況。

一旦你聽到這些話時，思惟：「啊！在眾多眾生中，獨我獲此難得人身。現在我將從輪迴之苦中解脫，之後我將解脫每一個輪迴眾生。目前無時可以分心，我將迅速帶引他們至佛境。」一旦你以這些思念帶出菩提心，觀想從根本上師心中射出光線，立刻引導你到達極樂淨土。然後無數光線從你心中射出，帶領每一衆生到極樂淨土。培養對所有衆生的慈悲心。

這就像一通呼喚起床的電話：「看看你目前需要做的事，看看你目前的機會。」我們不難碰到一些說發心要服務其他衆生的人，雖然他們努力在助人，可是他們還沒有幫助自己，他們還是受制於自己的妄念。這其實就是以盲引盲。除非你的心從心結中釋放，否則你並沒有眞正的能力去善巧服務其他衆生的需求。有一些人也許會同意如果他們眞正集中心力去助人時，這就像以盲引盲。我並不是在說目前服務他人之需求與幫助他人是錯的。我們實際上應該試著幫助他人，那是好的。只是目前我們所能給予的服務品質與程度，有時候是相當表面的，所以我強調的是你能否給予他人眞正與實際的幫助。

舉例說明，在西藏有一位偉大的上師，許多喇嘛會來拜訪他，他也會招待他們。當一位和尚來看他時，他問某某上師在做什麼。和尚回答：「哦，他在做偉大的事業。他建佛塔，印經書，蓋寺廟。」聽到這個之後，這上師說：「哦，這很好。但是能眞正修佛法不是更好嗎？」在另一個場合裡，他問起另一位喇嘛。和尚回答：「哦，他做如此好的事業。他在傳法。」這上師說：「那很好，但是如果能修眞正的佛法多麼好啊。」又在另一個場合裡，他問到另一位上師。和尚回答：「哦，他在閉巖關。他在念誦咒語。」這上師說：「那很好，那非常好，但是如果能修習眞正的佛法多麼好啊！」在另一個場合裡，他問到另一位喇嘛。和尙回答說：「啊，他只是坐在那裡，把法衣包在頭上，整天哭泣。」這上師說：「哦，他在修習眞正的佛法。」

不要以爲這人已跌入某種長期的沮喪中，他的哭是出自慈悲心。如果你眞正想要服務他人的需求，如此眞正的慈悲心是必需的，而且要有眞正的智慧。這會幫助你有效地眞正服務他人。相反的，當我們缺少如此的慈悲與智慧而宣稱在幫助他人的話，我們可能只是在服務自我的利益，雖然外表看起來好像完全是利他。

另一個比喻是織網的蜘蛛。牠們看起來好像在做一件非常美麗、精緻的事情，但是牠們只是在等著去抓其他的昆蟲來吃。一旦我們把佛法與世俗的事物如世間八法混在一起的話，我們就會有這種問題。如果我們活著像一隻織網的蜘蛛，最終是我們被自己所織的網纏住。

如此思惟人身難得，你的根本上師也應該詳細解釋人身難得的原因。

總而言之，《入菩薩行》敘述：「如此難得的閒暇圓滿已得，而且帶給人們幸福。如果人不珍惜眼前良機，此機緣何時再出現？」

某經典敘述：「一粒扔向牆上的豌豆可能會黏在那兒，但是它們都掉到地上。同樣的，如想知道人身如何難得，且看衆生的數目。」

某經典敘述：「舍利弗問佛：『世尊！有多少地獄眾生？有多少餓鬼、畜生、天、人、阿修羅？』佛回答：『舍利弗！地獄眾生數目如大地，餓鬼的數目如沙造之城的沙粒，畜生的數目如造酒之穀粒，阿修羅的數目如大風雪的雪片，天與人的數目如指甲表面的塵埃。』」

因此，你應了知人身非常難得。

某經典敘述：「佛陀出現於世稀有難得，生而為人亦稀有難得。善友、信心與聽佛法的機緣，即使再一百劫也不一定可得到。」

假如圓滿閒暇人身難得，那麼不用說，佛的出世也是非常稀有難得的。主文裡的「善友」，眞正指的是靈修上的朋友與聖賢如菩薩等等。這兒所提到的「信心」，是助我們達到證悟之因的信心，它們「再一百劫也不一定可得到」。

如此，思惟圓滿閒暇人身極難得，直至你的心轉離輪迴。如果人身是如此難得，你務必把握現在這個珍貴的修學佛法的機緣。對擁有純淨人身但空手而回的人培養慈悲心。當你看到這些世間眾生時，而慈悲心並沒生起的話，這就表示經驗還未生起。如果慈悲心已被帶出而且熱忱也在增加，這就表示經驗已生起。如熱忱未增加，思惟就無意義了。思惟此三天，再回來！

佛法的機緣就好像你長時間活在鬧饑荒的災區，然後忽然間你來到豪華宴會，這時如果你不但不吃，而且還回到荒地的話，眞是瘋狂！同樣的，無始劫以來我們已在輪迴中漂泊，且目前我們是在一個可爲自己與他人達到證悟的狀況中，錯過這個機會就太糊塗了。

當你看到世人從事各種惡行時，如果你是以嫉妒、傲慢、憤怒等來回應的話，這就表示眞正的佛法經驗還沒有生起。如果慈悲心被帶出而且精進[7]增加的話，經驗已生起。這就是佛法已眞正在自心流中生起的徵兆。爲了讓慈悲心生起，我們應該專注於「當他人經歷痛苦與喜悅時，他們所經歷的就跟我們一樣」這個眞理。但是我們仍然持續受苦，因爲我們不知道苦與樂的眞正原因。

當人們聽到大圓滿法時，他們的眼睛瞪得很大，而且很積極的聆聽，但是當主題轉到人身的稀有與珍貴時，他們就沒有什麼興趣。這不是好的態度。至於轉心四念的培養，我們的傾向是把這些給蓋住，就像貓把糞蓋在沙土下。但是現在是揭露這些教學的時候了。在現代這個世界裡，年紀大的男人或女人通常試著隱藏他們的年齡，而且他們眞的很喜歡別人告訴他們：「哇，你看起來這麼年輕。」這些都是假的。他們並不年輕，他們已經年紀大了。他們應該爲死亡做準備。

至於佛法的修行，通常我們的朋友與道友反而變成靈修上最大的阻礙。從某個角度來說，靈修上的朋友可能是最大的幫助，但是他們也可能阻擋我們的修行。甚至我們與上師的關係也可能變成修行上的障礙。當我們執著於「上師說這個」「上師說那個」等等時，這就變成障礙。因此我們與上師、朋友的關係，可讓我們累積轉世三惡道之因。最低限度，不要在靈修上互相阻擾。如果你們能互相幫助，那很好，但是小心不要互相妨礙。我曾親眼在印度、西藏和美國看到很多道友互相妨礙修行的例子。基本上這是你自己的責任，你需要掌握自己並果斷處理。我們在世俗事物上可能非常堅持到底，一如驢子般頑強，此時此刻在佛法上，也應有相同的堅定與毅力。

佛法的機緣是此時和此地。我們正在一個偉大佛法的宴席中。假如你認爲自己是特別人物，因此你不需要修行，只有別人需要修行的話，這是一個嚴重的錯誤。我在西藏也聽過這種人。有一些上師說：「哦，我不需要做這個，但是你們應該要做這個。」但我們可以問這種人：「你眞有能力去降伏自己的心結與痛苦之源嗎？」大致上來說，這種人只是在表現自己的自大和愚蠢。

如此思惟圓滿閒暇人身難得，將來你能得到人身，你將不會有對世俗的渴望，你只會想到佛法，最終你會成佛。修習此！思惟圓滿閒暇人身極難得是《藉思憶自然解脫：

六種中有過程經驗教導》的第二段。

思惟死亡與無常

如果你不思惟死亡與無常，無時間可浪費的覺知不會在你的心流中生起。如果無時間可浪費的覺知不在心流中生起的話，你會屈服於怠惰與懶散，你就不會想到佛法。你會專心於此生的活動，縱容於怠惰與自滿。如果你以這種凡人的態度走入死亡，你珍貴的人身將被浪費，所以思惟死亡與無常很重要。一旦無常的覺知在你的心流中生起，你無時間怠惰。在心中牢牢記住死亡，佛法將會自動生起，所以要思惟無常。

從某個角度來說，我們可以說我們都知道自己會死。這不是新聞。但我們還不了解自己死亡的時間是完全不可預測的。我們還沒看透死亡的眞相。

舉一個實例，是關於一個眞正了解死亡意義的人的故事。有位行者的山洞口外有一棵帶刺的小灌木，有一天當他走出山洞外去拿水，帶刺灌木刺到他，他想：「哦，我必須把這棵樹給砍掉，這樣每次進出就不會被刺到。」一旦那個思想生起時，他想：「啊，如果我花時間做這個，我也許會先死掉。我並沒有時間去做那個。」漸漸地這棵帶刺的灌木越長越大，他也每次在進出時被刺到。他再度想到：「哦，我必須砍掉它。」然後他會想：「但是我並沒有時間。」這種情形一直持續下去，直到這位行者變爲成就者，灌木也長得非常非常大。他們兩個都成熟了。從一個角度來說，你可以說這個灌木是一個阻礙，阻擋他過得比較舒服。但是從另一個角度來說，它喚起他對無常的覺知，因此在修行上幫助了他。

這個故事不同於現代一般的態度：「修行是非常重要的，但是，我還有好多事要做。」這個態度顯示我們還沒有明白痛苦的眞相。我們對圓滿閒暇人身的思惟還不夠，我們還沒有了解無常的眞相。反之，以這種心態，我們把無常執著爲恆常的，把不堅固的執著爲堅固的。以這種大而化之的態度，我們並沒有修行，結果我們無法解脫。同時，我們所做的任何修法也是相當表面的。

當人們抱持這種態度時，在修行一段時間後，他們會發現自己的修行並沒有預期的進步。然後通常他們的結論是：「哦，佛法沒有什麼用。」並不是佛法無效，而是我們修行的方法無效。如果你不曉得如何吃藥或者你沒有吃藥，你怎麼可以說這個藥無效。問題是不知道如何去摘取佛法的要義，還有一個問題是我們的傲慢與我執感。一旦這些心態占優勢的話，這就好像我們站在高處往下看佛法。如果我們可以掉換位置，把自我放在佛法下，我們自然會得到好的結果。

修行的要點是去降伏自心識流。一般來說，特別是在西方國家，人們認爲一旦你皈依成爲佛教徒後，你就立即有驚人的轉化，例如一夜之間變成菩薩。世界上絕對沒有這種事。例如，你並不是一進學校就突然變成醫生或其他。這是漸進的。但是人們並不了解，而且會說：「哦，這人已經學佛很多年了，怎麼還會做這個或那個！」「很多年」並沒有什麼大不了，因爲我們已多生多世累積、加強我們的心結。我們有大海般或大山般的心結要去對付。修行很多年是很好的，但是即使修行很多年，也不要期待會有完全與極度的轉化。通常是一點一滴的轉變。如果你期望在成爲佛教徒後，只做了一點小小的修行後，就會有驚人的改變，這種期待是錯誤的。

即使你修行很久但還是會有缺點，你只能以自己的速度來修。如果一個佛法行者在修行很多年後還從事不善業，這是佛教的錯嗎？我覺得不是。這些只是「人」的毛病，而佛法是這些毛病的解藥。就像你看到基督徒在修行很多年後還是有些缺點，這也不是基督教的錯，而只是人的缺點。同理，印度教或其他宗教也是一樣。

認爲靈修，特別是佛法修行，是某種按鈕操作程序的態度當然是錯誤的。非佛教徒將自己的期望加諸佛教徒身上，認爲修行應有迅速、驚人的進步，這是錯的。站在外面而如此期望、判斷的人，應該自己試試看，是否只要一彈指或隔夜就能成爲菩薩。

我們能否淨化自心識流，是依賴轉心四念的培養和對四聖諦的思惟。這是淨心的要點。如此思惟，菩提心才會生起。不管是眞正的菩提心或類似的菩提心，都是從這些思惟而來的。

同樣的，我們對三寶的信心，也是來自對轉心四念和四聖諦的理解。如果我們缺少這個了解，佛法的修行就沒有根基。

至於學者、化身（trulku）、喇嘛、和尚與老師等，如果他們眞正有菩提心，這表示他們對轉心四念和四聖諦已有徹底的理解與認識。如果這樣的話，表示他們不眷戀自己也不厭惡他人。這也表示他們具有慈悲和信心。即使有些喇嘛、老師、學者、化身具有如此品質與純淨，但是我們很難認出它。我們習慣看到缺點。因爲我們自己有缺點，所以我們也傾向去看到別人的過失。所以即使我們看到一位純淨的人，我們也很難認出他的純淨。

例如，就算釋迦牟尼佛在此刻出現的話，恐怕我們也會去找他的錯。或者假如蓮花生大士從門口走進來，我們看到他的行爲時也許會下結論說：「哦，他是個花花公子。」或者如果釋迦牟尼佛到達時，我們也許會想說：「哦，禿頭！」我們有這一切預設的概念。這些投射是從我們自己的缺點而來的。如果我們能夠在完全純淨的聖者中看到缺點的話，那麼毫無疑問，我們一定也會非常注意本身就有過失的人的缺點。

我們時常會聽到很多謠言。例如，前一陣子有一個關於達賴喇嘛的謠言，傳說他有一個西方女人爲女友，這當然完全是捏造。事實上，據說達賴喇嘛連見都沒見過這個女人。但是謠言已傳開了，不管是因爲共產黨或是派系競爭，或從政治因素而起。重點在於，我們每個人必須除掉缺點。從達賴喇嘛的角度或從任何正常人的角度來說，捏造這種謠言的人，只是他們慈悲的對象。

別人的過錯不是我們的事，與我們無關。最重要的當然是集中在轉心四念上，因爲這個的了解與洞察，實際上可以使我們與他人解脫。我們應該丟棄這種覺得自己會一直活下去的輕鬆態度，而且轉化我們的心，使我們不再有時間追隨世間八法。主文說「你會專心於此生的活動」，指的就是世間八法。

如果我們錯過這麼好的修行機會，而讓它消失得無影無蹤的話，那不是一個很大的損失嗎？假如有人偷了你一千元，你會感到：「哦，我失去了那麼多！多麼可惜！眞慘！眞是損失！」我們目前已擁有人身，可以做爲此生和來世的快樂之因，但是我們不像珍惜錢財般的珍惜這個機會。再者，我們甚至以從事惡業等等來浪費彼此的時間。

有時候，佛法就像一扇沒有鑰匙的門，你想知道：「怎麼進去？」只要思惟死亡與無常，佛法大門就會自動打開。

在這樣的地方思惟：獨自一人去遙遠而人跡罕至的高處，那是蕭條、令人傷感之處，有許多暗色岩石堆疊的峭壁山峰，還有碎石為伴，風吹草動發出沙沙聲，太陽從天空滾動而下，山間小溪往下急流發出轟轟響聲。或者去一個到處都是屍體、手、腳、皮、肉和骨頭小碎片的墳場，那兒有狐狸吠叫，烏鴉潛近，貓頭鷹發出嘎嘎聲，風呼嘯著，狐狸與狼在拉扯屍體。獨自一人去恐怖、蕭條、令人毛骨悚然的可怕之處。如果無法做到的話，則觀想這樣的地方。地點是會造成差別的，因為能去這樣的地點思惟的話，無常的覺知會自動生起，所以很重要。

在西方世界，我們把日落等當作大事。另一個看待日落的方法，是把它看成你的生命正在流逝的徵兆。還有，美國的墳場通常比較令人愉快，景觀漂亮，有很多的花。如果想找到比較接近主文裡提到的墳場，應該到印度去。

一旦你去到那兒，雙足盤坐，以手掌抓住膝蓋，或者如前以沮喪姿勢坐著。把心收回，誠懇地跟隨以下思路：「老天！這是什麼呀？世界是無常的。每一刻，季節在流逝，春夏秋冬漸漸地變遷與消逝。而且甚至在一天中，早上、下午和晚上都在變化與流動。時間即使連一剎那至下一刻間都不停留而前進著。在宇宙間居住的眾生是無常的。我的父母、長輩、同胞、鄰居、年紀相仿的同伴，我所有的朋友和仇家也都是無常的，一個接一個他們都會死亡。人們在生命不同的階段中，從孩提、幼年、成年、老年，直到死亡，沒有一刻不變，都逐漸在改變。一切眾生出生之後就在逼近死亡。有許多人去年還在今年就辭世，有今年還活著昨日就走了，還有早上還在的晚上就離開人間了。一切的本質都是無常。現在我也將面對死亡。年、月、日飛快消逝。是否有辦法使我的身軀存活到明年？不只如此，我的性命期限缺乏保證，明後天我還會活著嗎？既然死亡日期無法確定，沒有時間讓我們繼續像平常一般了。如果我的一生消磨在無益的活動中，這是多麼浪費啊！我確定會死。雖然我尚未死亡，但我知道沒有任何人能逃避死亡，所以死亡是確定的。由於身體是假合組成，所以死亡是確定的。因為時間和生命繼續一刻不停留，所以死亡是確定的。像激流沖下山谷峭壁，或如動物被遷入屠宰場，我逐漸步入死亡。」

即使在一個鐘頭內，你也可以看到分秒滴答滴答走過。當人成長時，我們給予不同的名稱，如嬰兒、孩童、少年等。這只是走向死亡變遷過程的名稱。我們目前都還活著，但每一個人都會死亡，變成屍體。從某一個角度來說，我們都是準屍體，因此你們可以把這世界看作一個墳場。難道你們還需要到別處去嗎？在密乘裡，你把六種意識視爲墳場。白宮是一個墳場。布達拉宮，達賴法王的宮殿，如今也是一個墳場。

主文裡提到「繼續像平常一般」，指的是持續先前已有的惡業，身的三種、語的四種和意的三種。

「雖然死亡是確定的，但死亡之時無法預知。我的性命能持續多久沒有保證，死亡之時無法預知。再者，有許多狀況導致死亡，死亡之時無法預知。還有因為身體無實質，死亡之時無法預知。所以無暇再虛耗光陰。」

「在我快死時，無人能拉住我不死，沒有防衛能力，沒有人能幫我。我積聚的財富在死時是無助的，我的兒女、妻子、周圍環繞的親友在死時是無助的，即使我的身體在死時也是無助的。我的身體將被留下、焚化，在火光中化為灰塵，即使是灰燼也會隨風飄走不知去向。我所積聚的財富無法帶走，甚至連一根針都無法帶走。我將與身旁聚集的每一個親友永別，我將獨行，而且我再也見不到他們，我連一個友伴都無法帶走。這個時刻我將無助獨行，無同伴。因此哪有時間可怠慢？哪有時間沈醉在此生的活動？老天！從今天起我將行諸善事，揚棄諸惡。如此當我面臨死亡時方能心安，接下去我將走至解脫道。可憐的我！多可怕呀！」

在死亡時，即使阿彌陀佛也沒有辦法幫助你。假如他不能夠幫你的話，那麼誰又能幫你呢？就算你認識有權有勢的人，他們也無法讓你不走。即使你有億萬的身價，在死時也對你無助。即使你有很多美麗的妻子，也還是沒用。

在印度與其他地方，他們的習俗是把屍體燒掉。在西藏，通常是把死屍切割後餵給兀鷹。

在美國這兒，通常是把他們埋到土裡讓蟲給吃了。不管你如何處置屍體，重點是它最後還是會腐爛。即使是你累積了堆滿全球的財富，你還是無法帶走任何一樣。而通常你在這個過程中，會對財產生起了很大的貪執；這樣，你可能累積了三惡道的轉世之因。但是，你連一根針都無法帶走。目前，我們正在敲死亡之門。

如此尋思，以悲哀的聲音多次說以下這些話，讓它們鮮明地喚起你的注意：「天啊！天啊！可憐的我！四大假合是無常。日夜飛逝盜走我的生命。死亡之期無法預知。我尚未死有多幸運！現在死亡快要來臨。」

對還活在惡道裡的衆生，死亡未必是不好的狀況。它可能會更好，因爲他們還有希望可脫離惡道。在人道裡，我看到有些囚犯在監牢中受苦很多很多年，他們的生命是一個持續的痛苦。從我的個人經驗來說，這些人可能會嚮往死亡，因爲這會終止他們在此生所承受的苦。但是如果這些人此生大致上是不善的，就算他們從這一類的痛苦中釋放，他們很有可能會投往另一個更糟的苦難中。這是沒有保證的。但是從另一個角度來說，如果他們此生大致上是善的話，那他們在牢裡死去，就不見得是這麼不好的事。一般來說，我們這些沒有坐牢或受酷刑的人都怕死。

說這些話時鮮明地生起覺察之心，內心如此觀想：我來到一處不知名的地方，此地灰暗，向著北方。沒有人跡或人聲，唯有急流而下的水聲、呼號的風聲和草木沙沙之聲。太陽在山頂滾轉而下。山岩閃爍著紫暗光。烏鴉發著嘎嘎聲。我到了這個不知名的地方。我無友無伴，也從未來過此處。我在不知去何方的惶恐中漂泊，口中說著這些話：「天啊！可憐的我！天啊！啊！可憐的我！老天！無伴獨行荒原上，不知去何方。家鄉在何處？爸媽在哪裡？我的兒女、家產在哪裡？何時才能到達我的家鄉？天啊！可憐的我！我真是沮喪。」大聲說這些話。我在迷惘中無目的地漂泊。過了一會兒，我來到懸崖邊並摔了下去，手臂亂揮舞，不久我及時抓住了懸崖邊的一叢草。我害怕、顫抖，緊緊地抓住它。向下看是無底的深淵，向上看是無垠的天空。岩石巨大光滑如鏡。風在哭嚎。就在這個處境時，有一白鼠從右邊石縫中現身咬了一片草銜走，一隻黑鼠從左邊石縫中現身咬了另一片草銜走。兩隻老鼠如此輪流咬，能抓住的草叢越來越小。我無法找到方法對付這兩隻黑白老鼠而恐懼死亡將臨。我在恐慌中顫抖並想著：「現在死期已到，無法躲避。我沒有正法可依，因為過去我沒有想到死亡。我懼怕我將要去的地方。我從未想到今天我會死亡，但現在死亡即將降臨。現在，從今天起我將和我的家鄉、兒女、財產、親人、同胞、鄰居、同學、朋友分離，我將再也見不到他們。我所聚集的產業將被留下。從今天起我必須走漫長路途，到一個我從未經驗熟悉的地方去。哦，有什麼方法可以免除這個恐懼？哪裡有？我怎麼辦啊？天啊！」

老鼠吃草的比喻是象徵日夜剪短我們的生命。這是說當我們已擁有完美修行的機緣，但是我們並未好好利用，這是因爲我們沒有想到死亡。

如此想著，清楚大聲說：「天啊！我害怕！天啊！死亡已接近！死期即將來到，我將獨行無伴。我必須走去遠方，去到不知名之處。我必須跨越大關口。要怎樣才能解脫？如有任何方法，我將去做。天啊！我害怕！」當你號叫這些話時，想像頭頂上空你的根本上師以舞蹈姿勢站在蓮花月輪上，手持鈴和小鼓，身戴六種骨飾，觀想他向你說：「啊！這個假合之身無常，且將迅速毀壞。四季也是無常，變換流逝。老人、仇家、朋友相繼死亡離去。青年和成年人跟著年月日而變。此生迅速過去，就如從峭壁直下的泉水。不知道自己會死是不智的。現在無常和死亡將要來臨，沒有任何方法可以避免死亡。此時此刻你看看有無任何避免的方法？現在沒有時間可浪費。敬重你的根本上師！」一旦你聽到這些話時，觀想：「啊！在面臨死亡之前，我曾有緣修佛法，但是直到現在我還沒有修行。我真懊悔！現在不管我將要活或死，珍貴的根本上師知道的。如果珍貴的根本上師是有慈悲心的話，為什麼他不使我從此大懸崖中解脫？我的師父，珍貴的根本上師知道的。」

假如我們不修佛法，我們會後悔。你覺得怎麼樣？你是不是認爲有太多重複，或者主文太冗贅的提到死亡和無常的本質？你是否覺得佛教的問題就是一直強調死亡？這不是佛教的問題，是我們的問題。佛教只是提醒我們存在的一些顯著特質。這是我們的問題，也是所有衆生的問題。生爲衆生，我們受制於死亡和無常。

有一次我在洛杉機傳授輪迴之苦這個主題，學生問：「難道佛教就這樣只是著重苦？它是一個苦難的宗教嗎？」不是的，這不是佛教的特徵，這是在形容我們日常生活眞正的本質。如果我們不想到死亡，而且還讓自己的生活被執著占據的話，絕望的死去就是自然的結果。爲了不讓這種情形發生，目前是以聞思修按部就班修法的時候，重點在於去除心結和培養美德。

單純以誠懇的默想帶出強烈的信心和虔敬，觀想從根本上師心中射出的自性光擊中你。就在這塊草叢全被銜走的同時，那光線及時超拔你到達極樂淨土。然後從你的心中射出無數光線，把三界所有衆生牽引至極樂淨土。強烈的培養對所有衆生的慈悲心。如此思惟死亡和無常，根本上師也應該仔細的解釋死亡和無常的理由，而且你應生起幻滅感。

總而言之，佛經說過：「假合而又永恆之地方是找不到的。一切假合皆是無常，阿難，不要憂慮。」

《降至楞伽經》：「人生就如從峻峭之山急流而下的泉水。」

《大乘瑜伽》敘述：「不管你到哪兒去，沒有死亡的地方是找不到的，不管那是在山頂或海洋深處。此身受制於毀滅就如土盆一樣。它就像借來的東西，這裡面並沒有任何不變之物。」

這個身體就像是從四大借來的東西。它只是一個借款。

《格言全集》敘述：「有些死在子宮內，有些死在出生時；同樣的，有些在嬰兒時期死亡，有些在老年時，有些在青年時，還有一些是在成年時死亡。他們漸漸地走向死亡。而且誰又能在說『這人很年輕』時，保證他會繼續活著？」

說「這人很年輕」或「這人很健康」等雖然是很好，但是誰能保證一個年輕又健康的人明天還會活著？

佛經說過：「就如囚犯被牽往刑場，我們每一步都更逼近死亡。」

龍樹說：「導致死亡之因很多，導致活著之因很少。甚至本來支持性命的因素，也可轉變成導致死亡的狀況。所以應該永遠努力修佛法。」

支持性命的因素可以轉變成導致死亡的狀況是時常發生的。例如，人們吃藥爲了治療疾病，但是這些藥反而殺了他們。人們做別的事試圖保護他們的性命，但是反而導致自己的死亡。

《瓔珞經》敘述：「朋友們，雖然此生是無常的，就如從陡峭之山邊急速猛墜的溪流一樣，但是愚癡的人們並不了解，而且不智的人被欲望的虛榮沖昏了頭。」

「欲望的虛榮」特別是指世間八法，包括自大、自以爲是等這些我們覺得自己很棒的感覺。

佛經說過：「死神就如在埋伏中等待突擊的人。生老病死就如水磨的旋轉。在這個世界上，不管是偉大、卑下、貧窮、富裕，沒有一個人不落入死神的手掌心中。」

又說：「每一個死亡的老人曾不斷地生兒育女與追求財富，但是他們的子女與財富對他們的來世並沒有多大的益處。」

我們一代又一代的前人：我們的祖父母、他們的祖父母、祖父母的祖父母等等，在生命的過程中，他們的傾向是專心於世間八法，追求財富，生兒育女等等。每一代人都這麼做，每一個人都把產業和財富留給下一代。這一切的獲取對他們在死亡時不但沒有益處，反倒是有實際的傷害。在累積這些財產的過程中，人們通常從事很多的惡業。這情形不但過去是眞的，現在也是眞的。我們當中很多人也是爲這些目標而努力，而且會像過去的人一樣，我們也都會死去的。

談到這麼多關於兒女的事，有些人也許會想：「我沒有小孩，所以指的不是我。」如果你認爲自己那麼聰明的話，那就好好修行吧。

「如是，因為我們是無常的，即使一刻也不停留地走向死亡，所以沒有時間懈怠。」

如此念誦經典和密集的敘述帶出幻滅感。如此思惟無常和死亡問題後，你將會對諸行無常有經驗上的了解，而且特別是你的心流會變得平靜，對佛法的熱心會生起。

我們不應該只對一個很小的教學感到滿足，而且要長期思惟輪迴諸苦和死亡的意義與眞實性。用各種方法來思考這一點，並從不同的來源去充實你對此的了解與覺知。所有佛的教學，從最高的大圓滿法到最基礎的小乘，全是爲了引導我們解脫。你們很多人一聽到大圓滿法，精神就來了，很有興趣的來聆聽，然而你們應該先專注於目前這些教學才是。首先，你們應該建立一個好的基礎，把心從輪迴中轉離。思惟無常和行爲的性質和結果：業力的因果。以這些思惟替這些更高的教學與修法建立良好的基礎，如此嫉妒、貪愛、厭惡等等將會平息。

佛陀的八萬四千法門，或更特別的大圓滿的六十四萬集密經，全是爲了保護我們不再承受輪迴之苦。這個苦不是揑造的。這個我們必須承擔的苦是輪迴的本質，它不是無關緊要或毫無意義的小事。這就是爲什麼我們必須集中心力在完全認知自己所承受的苦是有多深多廣。如此認知，我們的貪愛會逐漸減退，貪愛減少，厭惡也會相對減少。如此漸進，我們可望達到解脫。

你可能會想：是否需要研讀八萬四千法門和六十四萬集密經？如果你有時間、熱心，也有能力這麼做的話，那很好。一般來說，我們並沒有這麼多時間，所以我們必須集中精神在要義上。其中一個吸取這些教學要義的方法，是先去思索轉心四念。然後，如果你想修密乘的教法，你應接受灌頂、受密法等等。你修一個特選的本尊，如果你好好的修一位本尊的話，這個就可做爲開啓所有其他門的鑰匙。因此，你不需要到處去修很多不同的法，好好的修一個，這個可做爲其他的鑰匙。你可以在大圓滿的教學內找到空性的教學，空性的了悟是達到佛果的主因。

如果你已思惟無常，但對現世的欲望依然增加，無法獨處，請繼續思惟，直到經驗生起為止。這是一切佛法最重要義。如果你在這一點沒有成功的話，禪修經驗不會生起，所以要點是你要繼續努力。任何上根器或下根器的行者，都可以因此而得解脫，所以精進於此為重。思惟，直到你為輕忽死亡的衆生而流下慈悲之淚。如此思惟三天，然後再回來。

如此思惟，在近期內你會得到極大快樂，最終你會成佛。修習此！思惟死亡與無常是《藉思憶自然解脫：六種中有過程經驗教導》內的第三段。

這三者是降伏你自心識流的前行。重要的是，從一開始你就要在這三點上得到確信。如果你在這上面沒有鞏固的立足點，你將不能受用所有的佛法。持續思惟直到無常的覺知恆常深刻地在你心中生起，就好像你的心被這些重點之箭刺穿為止。三昧耶！

修習此！願「降伏自心流前行法」不消失，直至輪迴已空。在《藉思憶自然解脫：六種中有過程經驗教導》裡的「降伏自心流前行法」，是卡瑪鈴巴尋寶者靈性之子雀結的傳承教學，是尼達歐賽上師所記載。以此，願佛的揭示在一切時地發揚光大，也願它們長久住留。

吉祥圓滿！

◆第2章

心性之自然解脫：秘密眞言金剛乘四段瑜伽修習法

前面的教學是普通前行法，現在我們講解非尋常或特殊前行法。

在《藉思憶自然解脫：六種中有過程經驗教導》中，為訓練自心流應修此前行法。

下列的修行法，是以優美的格律藏文寫成，在西藏的寺廟常念誦。當我還是個小孩，早晨尚未天亮時，僧侶們常聚集念誦此文，將人們從睡夢中喚醒，使他們不再沈睡。他們有一種特殊的念誦方法，非常的動聽。

哀哉我啊！好家庭子女[8]！
莫受無知迷妄之影響，
生起熱忱力量奮起身！

無始以來直到現時刻，
由於無明沈睡至如今，
勿再迷睡身語意向法。

假如過昏睡的生活方式會有眞正好處的話，那我們應該已經受用無窮，因爲我們從無始以來就是這樣。夠了！現在正是離開昏睡，開始修行的時刻。爲何不沈睡、遊蕩、過散漫的生活？因爲從無始以來，我們已習慣於這種愚行，結果是我們發展出掩飾我們的過錯，並將錯誤指向別人的行爲模式。有時候甚至我們會認爲是別人的錯而實際上他們並沒有任何錯。因此，我們受制於生老病死諸種苦痛。

生老病死痛苦你知否？
即使今日亦無不變境。
勤勉修習此刻正其時，
成就永恆大樂正其地。
餘時無多何能再懈怠？

這個「懈怠」的態度就是一種拖延的心態：「我今天實在無法修，等以後情況好一些時，我再修行。同時，我還有其他優先要做的事。」現在沒有時間拖延了，應集中在修行的重點，尤其是轉心四念。

常念死亡勤修至頂峰，
無暇虛度死況無法知。
若未達到無畏之信心，
繼續存活何能有意義？

在許多導致死亡的情況中，我們的生命猶如風中搖曳的燭火隨時會熄滅。我們尤其沒有時間浪費在找他人過錯、掩飾自己過錯的壞習慣上。佛法的重點是面對死亡的恐懼，然後超越恐懼，達到無懼的階段。這是我們可以從佛法得到的成果。假如我們無法朝此方向努力，我們存在的目的是什麼？是什麼賦予我們生命意義？我們還不如生爲動物，那有什麼分別？如果我們無法從實踐佛法得到信心，那麼我們就還未自利，也忘了利他。

現象本空離念無自性，

生命如幻如夢如鏡影，
亦如尋香城❾與空回聲。
了知輪迴解脫諸現象，
就如十種虛幻之比喻，
水月泡沫光影及幻影。

消除你對自己和其他現象的俱生執著：好像一切事物都有實體。輪迴、涅槃，包括我們自己，一切現象就像這十種比喻。

一切現象本性均無生，
不住不止亦無來與去。
它是「無所緣」❿和無象徵，
不可思議和不可表達。
探究真相今者正其時。

任何現象都不能從過去、現在、未來這三時的觀點來徹底了解，不管是以言語或思想等方法。

皈依上師竟！皈依本尊竟！皈依空行竟！
啊！啊！輪迴無常之現象，
乃是難逃甚深之業海。
哀哉業力牽引諸衆生，
加持苦海終有一日盡！

假如我們看看自己在輪迴中的處境和苦痛，不妨自問：「我們爲什麼要受苦？爲什麼難逃這甚深的業海？」難逃的原因是因爲我們自己使它變得難以逃脫。因爲從事惡業，執著自我，好像自我是非常珍貴的，我們帶給自己很大的羞辱。「業力」意指行爲，特別是以「我」的迷惑感和「對象」的迷惑感等等而產生的行爲。當我們受苦時，我們應知道這基本上是因爲過去世或現世的行爲而導致自己受苦。最終，不應怪罪別人導致我們痛苦。

「苦海」特別是指我們自己像汪洋般的心結。禱文說到「加持苦海終有一日盡」，是指我們內心的苦海會乾枯。讓苦海乾涸的方法是透過聞思修的修行。

毛澤東死的時候，達賴喇嘛法王在一大群西藏人聚集的場合中提到他，並爲毛澤東做了一個大的儀式會供。他說現在毛澤東已死了，他實在是我們慈悲的對象。事實上，當法王說到毛澤東的時候，他的眼中充滿了淚水，因為他對此人有莫大的悲憫。他要求人們將修法的功德迴向給毛。到底毛做了什麼，值得法王如此關心和慈悲？毛所做的是有系統地摧毀西藏的寺院、佛像和佛典，毛盡了全力去徹底毀滅西藏境內所有佛法的代表。從西藏人的觀點來看，毛澤東有計畫地屠殺西藏人，他的政策導致藏民巨大的痛苦。不只是西藏人，中國人民也承受了極大苦難。這些龐大的苦難是毛澤東和他的政權造成的。當我們聽到毛澤東和他的政權造成如此巨大的苦難時，我們自然的反應是憤怒。然而當達賴喇嘛法王看這件事時，他的結論是這是西藏人的業力，而且造作滔天大罪的惡行者是值得我們悲憫的。

當我們以往常的方式回應說：「那是我的仇敵。」或「這是一個壞人。」那是我們把他人看成如此。當我們這樣設想別人時，我們就會從自己的想法中得到果報。我們放出什麼，我們就回收什麼。法王對毛澤東死亡的反應是錯誤的還是美德的？那是個美德的回應。當菩提正覺的精神真正在人心流中成熟時，這種回應就是佛陀真實弟子的典型。你可能會認為那是天真的，但那就是佛教徒應該回應的方式。

無明業報牽引諸衆生，
欲得快樂種下受苦因。

哀哉未識方便諸衆生，
心執業報蒙蔽祈淨化！

每一衆生都希求快樂，每一衆生都求離苦痛。然而，一個人不論多麼渴望快樂及脫離痛苦，但是他不知道該用什麼善巧方法來如願，所以值得悲憫。

自私欲念客我執獄中，
我等如鹿重返陷阱地。

假如一隻鹿落入陷阱，牠不太可能會再度落入同樣的陷阱。牠會從錯誤中學到經驗。在這方面，我們比鹿還笨，由於貪欲和執著，我們一次又一次掉入相同的陷阱。我們一再重複受苦，不去學習如何避免重回圈套。

哀哉無知迷妄諸衆生，
早脫輪迴巨坑祈加持！
難以逃脫六道業報城⑪，

猶如水車輪轉無休止。
哀哉難逃輪迴諸衆生，
六道輪迴永斷祈加持！

當釋迦牟尼佛初轉法輪時，他開始講解四聖諦。四聖諦的要旨是關於行爲和結果，勸導衆生如何避免導致痛苦的行爲和止息痛苦的行爲。大部分人卻不聽。佛的所有八萬四千法門都在談論這個主題。在佛之後，有許多偉大弟子、賢者、修行者著作了成千上萬的典籍，同樣告訴我們哪種行爲導致苦痛及束縛、哪些行爲導致快樂與自由。但是許多人還是不聽。同樣的，蓮花生大士來過西藏，他教導如何離苦和找到不變之樂。他的二十五大弟子和一百零八個巖藏法取藏者再次指引解脫之道。我們的主要靈性導師再度指出快樂之道和受苦之路。但我們時常感覺自己好像比上師懂得還多，好像我們眞正知道什麼是最好的，以及如何才能保存佛法。這樣子我們有各種藉口不需跟隨靈性導師的忠告。

偉大的覺悟者像是有眼睛的人，和他們相比，我們是瞎子。覺悟者針對衆生的狀態知道什麼需要避免、什麼需要修習。這些覺悟者具有兩種智慧：如所有智（如來本體的智慧）和盡所有智（現象的智慧）。他們像成人，而我們像小孩。然而我們還是頑固地堅持自己的觀點和意見。人們說驢子很頑固，但牠們還比不上我們。我們可以自己檢視前述的評論是否眞確。我們不要盲目地當作教條接受。與其被「強迫灌輸」，我們可以檢查自己的反應、行爲，自己看看是否是眞的？我們是否陷在老習性和藉口中？

我們很多人持有不同的密乘誓戒。我們也被告知什麼是破戒，如何去守住它們，受誓戒有什麼好處，退失誓戒有什麼壞處。這一切都是爲了幫助我們。不幸地，即使是爲了自己的利益，人們經常也沒有守護好已經領受的誓戒。我們會奇怪我們修行路上爲什麼產生這些障礙和阻擾。當我們破犯戒律時，或者破犯了我們與上師、本尊、護法、空行等關係的誓句，就會有很快的回報和修行上的障礙生起。不是上師或佛在懲罰我們，這是護法的工作。是他們給予立即的懲罰。護法在保護什麼？他們試著保護我們不去犯惡業，在我們誤入歧途時試著帶我們回歸正途。讓我們體會障礙帶來的痛苦，就能保護我們不會投生惡道而承受長期的業報痛苦。這就是護法的工作，也是我們在修行道上經驗許多障礙的原由。所以我們碰到障礙時，沒有理由坐在那裡想：「爲什麼是我？」要去思考這些障礙和我們所作所爲的因果關係。

在護法群中有兩類護法：智慧的或已完全證覺的護法，和世間的或非證悟的護法。後者是一些衆生曾經承諾保存佛法並護持走上修佛之路的人。是世間的護法懲罰我們的惡行。

見證無數生老病死苦，

無動於衷不懼不求離。
暇滿人身散漫中度過，
無常及死常念祈加持。

在面對生老病死時，我們好像具有眞正的勇氣能忍受這一切的苦，而讓年月日時被虛耗浪擲。

不曉無常諸事難倚賴，
依然貪愛執著輪迴境。
渴求快樂人生苦中過，
願斷貪執輪迴祈加持。

上師和學生也許還執著於輪迴。以此執著，我們沒有播下眞正快樂的種子。

無情世間將被水火毀，
有情衆生身心終離散。

春夏秋冬四季皆無常，
心底生起厭離祈加持！

這裡簡單地陳述佛教的宇宙觀，說明整個宇宙的進化，如何生起，如何在某一時間被水和火所毀滅等等。

去年今年四季始末時，
日夜每刻時辰均無常。
如能深思即知死將臨，
勇猛精進修行祈加持。
閒暇圓滿人身極難得，
惜哉未識佛法空回衆。
死神擊打疾病加諸時，
心識生起惜時祈加持！
哀哉此生珍貴慈悲主，
祈願具足大悲之勝者[12]，

今即加持接引弟子等，
永離六道輪迴苦痛淵！

在我們整個的輪迴過程中，諸佛並未忽視我們。相反的，諸佛、菩薩、我們的靈性導師向我們解釋輪迴的本質和離苦的方法。不是他們沒有告訴我們，而是我們忽視他們的忠告。當太陽從東方升起時，我們把頭轉向西邊，這就難怪爲什麼佛的智慧照不到我們臉上了。

外、內、秘皈依

敬禮皈依教法諸上師，
師等恆常掛記於心中，
三界⑬六道無邊之衆生，
過去現在以及未來世。
敬禮皈依三時一切佛，
十方四時一切諸善逝，
上人具足證覺諸象徵，

廣大虛空無盡正覺行。

當你皈依佛時，你應在心中記住這不只是皈依歷史記載的釋迦牟尼佛，而是皈依過去、現在、未來十方一切諸佛。至於「四時善逝」，這第四時是完全超越的時間。

敬禮皈依無上之正法，
不執靜定究竟真理法，
小大密乘無逆轉正道，
經典巖藏口傳實修法。

三乘是小乘、大乘、金剛乘或眞言密乘。經典是指教傳，巖藏是巖傳。口傳承淸楚易懂。實修法是根據經典和巖藏，後來由修證者和學者所寫成的修法。

我今敬禮皈依僧伽眾，
無上賢眾駐行無誤道，
不落結使一切賢聖眾[14]，

佛法擁持菩薩聲（聞）緣（覺）衆。

敬禮皈依佛法諸上師，

三時諸佛本性之代表，

一切秘密無上壇城主，

慈悲加持指引諸衆生。

敬禮皈依所修諸本尊，

無生法身表離念二見，

利益世間顯化靜忿尊，

請賜無上普通二成就。

「無生法身」和「顯化靜忿尊」的關係，就像是太陽和它所發出的光芒。只有在你實證成靜忿本尊時，他們才會賜予普通成就與無上成就。

敬禮皈依空行聖母衆，

慈悲大力法性虛空遊，

淨居賜予無上之大樂，

賜成就於誓戒清淨者。

空行母（dakini）又稱「康走媽」。「康」藏文意爲虛空，「走」意爲行，「媽」指的是女性。字面上解釋就是在虛空走動的女子。這裡的虛空指的是絕對本性。空行母已了悟最終眞理，她們居住、運作於法性中，她們從未離開過此境。那就是「空行母」的語源：她們在法性虛空中遊動。

是否所有女性佛都是空行母？佛的智慧一面就是空行母，佛的方便一面就是空行父。談到本尊和其雙運母，男性本尊是證覺方法的代表，而佛母即是證覺智慧的代表。

敬皈本質、本性、慈悲心⑮，
無作離念原本空性中，
離智無執經驗中皈依，
圓融廣大偉大本性內。

這是指皈依者和受皈依者均超越智力以及任何主客的感覺。

敬皈無間離念自明中，
自發本性五種智慧身，
覺識淨光金剛光鏈中[16]，
空明法性覺識明點裡。
敬皈無止全在慈悲主，
顯解無止覺識遊戲光，
離念遣除衆生心昏暗，
三時無始無終皈依竟。

要全然了解上面這段禱文的涵義的話，你應該閱讀更多更詳盡的大手印和大圓滿的教學，特別是「立斷」及「頓超」法門。那時你才會了解以上所提到的名詞的意義。

外、內、秘皈依的分別是什麼？外皈依是自己的靈性導師、佛、法、僧。內皈依是上師、本尊和空行。最後，秘皈依是「離智無執經驗中皈依」。

生起大乘菩提心

啊！
一切現象是空無自性，
惜哉衆生未能了知此！
為憫衆生達到證覺故，
我盡身語意於諸功德。
為拯六道輪迴衆生故，
從今直至證覺成就時，
我現生起無上證覺願，
不獨為己且為衆生故。
惜哉無緣修法之衆生，
無邊苦海桎梏己身心！
為願悲苦衆生得歡樂，
我今生起無上證覺願。
我與一切無邊之衆生，
原本即是佛陀之本性。
我今生起無上證覺願，

應如大士知曉如是行。
世間輪迴大海猶如幻，
其中無一組合恆久存。
論其本質是空無自性，
但諸兒女未能識知彼。
十二因緣受生中漂泊，
一切困於名色泥沼者，
願早脫困成就佛陀果，
我將勤修身語意功德。

「名色」是十二因緣的其中兩樣。「名」這裡特別是指意識，「色」指的是身體。「困於名色泥沼」是由於貪愛輪迴。我們就像是一頭象喜歡在泥沼中洗浴。牠喜歡稀泥接觸皮膚的感覺而進到泥沼中，然後當象脚又無法踩到底時就會開始往下陷。象起先是因貪愛泥漿而進入泥沼地。「陷困」也像蜜蜂受食蟲花吸引，蜜蜂受到花蜜吸引而飛來。當牠進入花內，食蟲花就關閉起來了。

敬向諸佛正法及聖衆，
我今皈依直至成正覺。
藉諸布施修持等功德，
願我早日成佛利世間。

「藉諸布施等」是指一切的功德。有三種布施：一是施予物質所需，二是無畏施或保護衆生，三是法施給予佛法。

願我修持成就為良師，
引導無量衆生無分別。

上師不只是穿著黃色或紅色法衣或者坐在高座說法的人。眞正的上師是具有菩提心而且成爲菩薩的人。

培養四無量心

祈願衆生見樂及樂因！
祈願衆生離苦及苦因！
我等能得無苦之妙樂！
常住離欲無瞋平等境！

這裡第一句是培養無量的溫柔愛心，第二句是培養無量慈悲，第三句是無量的同情喜樂心，第四句是無量的平等無偏心境。假如你想對這四無量溫柔愛心有更詳盡的了解，你可以閱讀寂天菩薩的經典名著《入菩薩行》。如果你能修習培養四無量心，會帶給你自心流非常實際的益處。

念誦百字大明咒淨化罪障

我們現在講解金剛薩埵的「百字大明咒」修法來淨化罪障。有兩種障，比較細微的是所知障或稱理障，這主要是心智的潛在傾向習性；比較粗的是煩惱障，如忿怒、貪愛、妄念等等。這個修行就是爲了平息二障。

頭頂蓮花月輪上，
上師金剛薩埵像。
身如水晶心際中，
百字繞吽心月輪。
甘露降溢己梵穴，
淨諸違逆業障罪。
現祈金剛薩埵尊，
賜予原本智甘露，
淨除我等及眾生，
一切罪業諸障礙。

念百字大明咒：嗡瓦札樂薩朵　沙瑪洋　阿努巴拉呀　瓦札樂沙朵　德諾巴底叉
折朵美巴哇　蘇朵卡叉　美巴哇　蘇頗卡叉　美巴哇　阿努熱朵　美巴哇　沙爾哇
悉定　美帕拉牙茶　沙爾哇　卡爾美蘇茶美　奇潭　悉里洋　古魯吽　哈哈哈哈厚
巴噶萬　沙爾哇打它噶它　瓦札樂　瑪美門茶　瓦札樂　巴哇　嗎哈沙瑪呀　薩朵
啊吽呸。

這是個非常重要的修法。這裡只是簡短的介紹，但在其他前行法及教法中有詳盡的解說。這個修法有非常實際的益處。其他一些教法如大圓滿等，我們可能覺得高深特殊，但我們能否眞正進入大圓滿的境界從中得到多少深益，還是個疑問。這個教法有實際的益處。假如你熟悉這些教法，你若能和初習者或不熟悉此法者分享是件好事。照此法修習能夠淨化二障。一旦二障完全淨化後，你就是佛，也就是說你已了悟大圓滿。

緣於無知迷惑及愚癡，
三昧耶戒潛越及破損，
上師尊主護法請護持！
榮耀之主金剛持明尊，
具大慈悲恩惠賜予者，
世間主尊請護持我等！
敬請清除淨化一切過，
罪蒙過錯墮落及染污。
願由修習所得諸功德，
速成正覺金剛薩埵尊。

迅速帶引一切有情衆，
到達成就境界無例外。
願我修成金剛薩埵身，
眷屬壽量淨土等同尊。
無上大小印記均持擁，
所有我等同證尊悉地。

獻曼達

一旦你淨化了二障，即煩惱障與所知障，就應爲了自利利他而積聚功德和知識二資糧。我們獻曼達就是爲了成佛來利益衆生。

嗡瓦扎樂布米阿吽，
（黃金為地色輝煌）
嗡瓦扎樂瑞給阿吽，
（珠寶鐵牆周圍繞）

中央聳立須彌山，
五種珍物所組成。
山形美麗兼悅目，
七海圍繞七金山。
東勝神洲南贍部，
西牛賀洲在西方，
北俱盧洲坐於北；
八小提訶維提訶，
遮摩羅及阿帕那，
沙達烏達拉曼翠納，
庫拉瓦及靠拉瓦。
日月羅喉卡拉里，
人天財富及諸樂，
敬獻珍貴上師及眷從，
為利世間請慈悲納受。

這是其中一個獻曼達的方式。重要的是了解以曼達盤和白米等做獻供只是實際獻曼達的物質部分。你的觀想是無限的，可以想像所有獻供的對象，包括你的靈性導師、佛皈依、法皈依、僧皈依等等。對於這些皈依的廣大對象，同樣地，你以普賢菩薩的廣大如雲供養去獻供。以心眼想像這些供養無法估計。以三輪體空的方式來做曼達供養是最佳的供養。也就是說，當你獻供時內心應生此想：無實存的受供養者，無實存的供養，也無實存的獻供者。這三者：獻供的行爲、所獻之物與這獻供者，都是非實存，而你應看待這一切都是空性。

嗡阿吽。
情器宇宙宮殿中布滿，
須彌山及大洲為供養。
人天無量諸樂我供養，
化身佛界珍貴之上師。
請以菩提悲心接納此，
一切衆生得生化身界！

這「宇宙」是億萬個世界系統，經常出現在佛教宇宙觀中。「有情」當然就是指著衆生，

「器」即是指宇宙的外在非情感世界。你想像這些完全被如雲供養所布滿，盡可能將供養變得越廣大越好。

確定你的供養盡量包容整個環境，山脈、土地、植物、江河、大海等，你以純淨的形式供養。同樣地，供養有情世界一切眾生：男、女、他們的一切歡樂受用、財富和快樂。觀想一切你喜愛與貪執對象的純淨形式，供養給靈性導師和皈依對象的化身佛界。這種供養方式並不單是你在坐修獻曼達時可以做，而且在從事一般日常活動時也可以做，例如當你在開車時。

嗡阿吽。
自身純淨脈輪之素殿，
五種官能光耀為裝飾。
純淨感官基礎及元素，
敬獻珍貴報身界上師。
請以菩提慈心接納此，
一切眾生得生報身界！

這裡和前面所講的是類似的，如大地以日月等來裝飾，在這裡身體是以純淨脈輪、元素，包括地水火風等等來嚴飾。供養報身佛界，是以純淨脈輪、元素和身體內明點來供養。

嗡阿吽。
純淨法身宮殿中住有，
非客空明無執自心性。
原本純淨俱生原本智，
敬獻珍貴法身界上師。
請以菩提慈心接納此，
一切衆生得生法身界！

「原本純淨」指的是心性本來的純淨，不是暫時的或偶發的純淨。在這原本獻供中，外在環境獻供給化身佛，你自身脈輪元素獻供給報身佛，而心性，即原本智慧之本心，被獻供給法界。

在另一個修法內，你獻自身的脈輪純淨相給化身界，生命氣能給報身界，精華明點給法身界。秘密的獻供是關於覺識的本質（essence），覺識的本性（nature）和覺識的遍布慈悲

(compassion)。本質獻給法身，本性獻給報身，慈悲獻給化身。這一切供養行為是我們成就佛三身之因。

獻供一般有兩種形式。一是獻「實現曼達」(mandala of actualization)，另一種是獻「供養曼達」(mandala of offering)。有不同的念誦，如三十七支曼達供養，這有兩種方法去做。在「實現曼達」供養內，曼達盤朝向東方面對你。整個的獻供做好後，一旦它被實現，你就把它放置一邊，它就變成灌頂而實現的代表。在獻「供養曼達」時則是你面向東方，你將米珠放置在不同位置的大小洲上。在獻供之後，則你將曼達盤向外傾倒。

我曾提到有不同的獻曼達祈禱文，有三十七支供養、二句供養、四句供養，所以你可以用不同繁簡方式來做。獻曼達的目的是減少一些「我需要」和「我想要」的傾向，因此能對治貪執習性。也要記在心裡的是，獻曼達不只是這個以祈禱文來做的正式供養，而是包括所有的供養。即使是修施身法(chod)，你是以自身的曼達供養。大致上說，四種布施也是曼達供養的表現。獻曼達是一個包括廣泛的修行法。

獻曼達是藏傳佛教所有傳承都遍修的法，包括黃教「格魯」(Gelug)。在黃教傳承中有多種修法，而且廣被修習。在黃教的儀軌中，你可在「蘭任」(lam-rim) (Stages of the Path)中找到它。同時在白教「噶居」(Kagyu)、花教「薩迦」(Sakya)都廣被修習。因此，當你在修習時，你不只是做外在的儀式像堆一些米在曼達盤上，重要的是你要知道修習獻曼達的眞正涵義。獻曼達的性質和意義的討論在很多前行法中可找到。

嗡阿吽。

藉供此一善妙之壇城，
正覺道上願不起障礙，
三時諸佛心意願解證，
輪迴寂靜處中皆無惑。
長願等天衆生皆超脫！

嗡啊吽　麻哈古魯　爹哇打基尼　熱那曼達拉　普加
美噶三母扎　薩巴熱那　薩麻牙阿吽。

傳承禱文

嗡阿吽。

敬向法身普賢原本佛，
六佛本性勝者金剛持⑰，

最上心導金剛薩埵尊，
敬祈勝尊禪思之傳承。
敬向噶熱金剛勝化身，
希瑞辛哈勝者精神子，
無死蓮師金剛身成就，
耶雪綢嘉真言密乘母，
敬祈持明知識之傳承。

第一個傳承是阿底瑜伽（大圓滿），是從普賢如來佛到金剛薩埵。第二個傳承是從噶熱多結，到希瑞辛哈、蓮花生大士和耶雪綢嘉。耶雪綢嘉是眞言密乘傳承之聖母。

卡瑪鈴巴啟巖藏大師，
並向無上心子名雀結，
蘇瑞強扎末法時護持，
敬祈口傳教法傳承者。
中土漢僧南卡佛法師，

搜南耳賽證知二次第，
彭亞仕瑞圓成二資糧，
搜南雀瓊自成二法地，
那措壤薩周三時上師，
昆噶扎佩派三界護者，
集合三身多納天金結，
清雷倫珠彩達四光景，
四身之主久美多結戴，
露千達瑪四灌啟義者，
勝者之子仁千南帕珈，
佩瑪天金無上化身師，
卡瑪比加持明承脈者，
俱生樂空清雷雀吉中，
多結吉彩擁七口傳承，
直證法性久美艾敦王，
熟解廣大巖藏敦尊靈，

顯空不二靜忿諸本尊，
如海空行護法守誓眾[18]，
敬祈雲集三根本尊眾。

以上是傳承中許多偉大的祖師。要清楚介紹每一個祖師的成就需要很長一段時間。但是你可以在其他翻譯出來的書本中追溯到他們的行跡。

應需授法口傳承眾師，
所教聖法如漸退消失，
將成此時修持者之哀，
請導眾生出此輪迴沼。
我等如以哀號呼求師，
請念先前誓願示支持。
自性廣域示顯證覺相，
導引眾生出此輪迴沼。

「示顯證覺相」是請求佛在淨觀中顯相，這是當佛以不同的覺證象徵及不同方式顯現。

以此祈請如空迴梵音，
願能開啟師心法藏門，
智慧慈悲二光傾瀉時，
請導衆生出此輪迴沼。

第一句指的是佛語，直譯是「空音」。這是擁持佛語六十種品質的言語，不是一般言語。不是荒謬或易引起誤解的「空洞之語」。

現即解脫末劫衆生盡！
現賜四種原淨灌頂流！
現即解除四心續[19]心結！
請導衆生出此輪迴沼。
現賜善逝四身成就果！
願成靈性導師善指引，

無量父母眾生盡虛空，
請導眾生出此輪迴沼。

眞正的上師投生和活著是爲了其他眾生。就如釋迦牟尼佛一樣，他們來到這個世界是爲了服務他人，聽從與否就要看我們自己了。同樣的，蓮花生大士許下諾言爲了利益世間而投生傳法。現世也有像這樣偉大的導師，例如，達賴喇嘛、大寶法王卡瑪巴、敦珠法王。所有這些偉大之士更早在過去世中已許下諾言來服務眾生，他們正在實現諾言，去爲仍然活著的眾生服務。

西藏有許多像這樣的上師。例如，一九九三年從西藏來美的堪布吉美彭措法王。他是這些偉大聖士之一，選擇再次轉世投生去實踐他爲眾生服務的諾言誓句。如我們想要成全自己的利益，我們應聆聽、接受這些了不起的上師所能提供的。偉大之士過去曾出現，像釋迦牟尼佛、蓮花生大士等，但那時候我們或者是不在場，或者是沒有聽從他們。我們的作爲和他們的教法相違，所以我們仍在六道中輪迴。假如我們仍然不聽從這些偉大教師的勸導，那麼我們將來還是會繼續漂流三界。輪迴無法預期其盡頭，所以我們可能會持續輪轉無數劫。這些偉大教師所給的教法，能讓我們在這一世中達到完全證悟。我們目前有這個機會，而且我們有能力成就這些教法。這要看我們自己如何選擇，是否要修這些法並且運用在我們生命中。

禪思得四灌頂

觀師雙運額頭間，
白色「嗡」（ཨོཾ）字放光明，
照耀我之眉間輪。
領受瓶灌淨身業。
請賜身成就悉地。

藉著領受第一灌頂，種下了達到化身佛的種子，同時加持行者去修習生起次第。

雙運上師喉輪間，
紅色「阿」（ཨཱཿ）字放光明，
降溢入我喉舌間。
領受密灌淨口業。
請賜語成就悉地。

這個種下了成就報身佛和佛陀六十種殊勝語成就的種子。

雙運上師心輪間，
深藍「吽」字（ཧཱུྃ）放光明，
降溢入我心輪間。
原本智慧淨心障，
請賜心成就悉地。

第三個灌頂是爲了淨化心的所有障礙，它種下了成就法身佛的種子。

雙運上師臍輪間，
紅色「合瑞」字（ཧྲཱིཿ）放光明，
降溢入我臍中央。
淨化三門分別執，
領受無分俱生灌。

接受第四灌頂使我們能完成佛之四身，第四身是體性身（梵文「svābhāvakaya」，藏文「ngo bo nyid sku」），原本智慧之總攝身。

榮耀珍貴根本師，
恆常住留不分離，
在我心中蓮花座，
出於慈悲眷顧我！
請賜身語意成就。
願我得成師尊身，
從衆壽量淨土同，
具足無上諸印記，
我等俱證諸勝地。

附記：將此修法附加在《藉思憶自然解脫：六種中有過程經驗教導》的前行法同修來訓練你的心流，是很適當的。此無可超越之大乘修習法門，是由卡瑪鈴巴的心弟子雀結鈴巴的忠告，而由蘇利亞堪抓上師寫出。

吉祥圓滿！

第2部

藉思憶靜忿尊自然解脫

——六種中有過程完成次第教法

◆第1章 基礎之自然解脫：生命中有過程經驗教導

敬禮原本護佑無生普賢佛，
從其應化靜忿報身諸本尊，
敬禮無量化身解脫化身佛，
三身一切靜忿諸本尊。
為益未來末法眾生故，
我乃蓮花生未受母胎沾，
於今總集諸佛之心意，
寫就六中有成就無上法。
修持倚賴基本修行道[22]，
我現揭示中有經驗之指導，
藉思憶得自然解脫法，

未來學子請依此修習。

三昧耶。

作者蓮花生大士說他是「未受母胎沾」，說明他自已並不是受母胎所染汚，因爲他是從蓮花出生的。當他說「未來學子」，是指我們這些還在輪迴中迷轉尚未得到自由的人。

涅槃輪迴所顯相，皆不外此六中有。法門共分三主題：一、兩種前行為生起禪靜（止），二、修持口訣為已生禪靜者進階，三、後來修行續加強禪靜。

這後來的修行是爲了除障、得加持並助修行。

在前行中有訓練自心識流，分四部分：皈依及發菩提心的教導，念百字大明咒淨化罪業的教導，上師相應法以得加持的教導，最後是獻曼達完成兩種資糧的教導。

百字大明咒是金剛薩埵的咒語。上師相應法是讓得到加持的人加強祝福，讓還沒得到加持的人接受加持。獻曼達的「兩種資糧」是福德與智慧的資糧。

> 降伏自心識流的教導分三部分：思惟圓滿閒暇人身難得，思惟輪迴之苦，思惟死亡及無常。這些七支前行法是必修的。如此修習前行直到深入的體會生起。

在前行法內，第二部分是針對降伏你自己的心流。這七支前行法包括第一套的四個和第二套的三個。修習它們「直到深入的體會生起」。例如，你應該思惟輪迴的痛苦，直到你的心轉離輪迴。同樣的，繼續思惟死亡與無常，直到對這事實非常肯定為止。也就是說，修到有結果才行。

你們很多人也許覺得對轉心四念非常熟習，有些人已修了十萬遍的這個念誦與十萬遍的那個念誦，有些人可能修了兩三套的前行法，但你們的心還是沒有眞正的改變。修這些法應有的轉變還沒出現，或者有些人是有轉變，但後來又轉回去了。你們還是陷入輪迴，迷戀於世間的欲望等等。貪戀與執著還是持續著。特別是一些修得比較久的行者，在他們早期的修行時，是有好的轉變；但是當他們繼續修時，他們變成自作聰明的人，而後又有更進一步的轉變：先前從不好變成好，而後又轉回來從好變成不好。

> 實修正行共分六部分：生命中有過程教導，針對基礎之自然解脫（實用教法就如燕

子入巢）。夢境中有過程教導，針對迷惑之自然解脫（實用教法就如持一盞燈至黑暗的房內）。禪修穩定中有過程教導，針對覺識之自然解脫（實用教法就如孤兒遇到母親）。死亡中有過程教導，針對遷識明記之自然解脫（實用教法就如派發皇帝的密令）。法性中有過程教導，針對觀照之自然解脫（實用教法就如小孩爬到母親的腿彎上）。以及受生中有過程教導，針對受生之自然解脫（實用教法就如將尚未連接的運河與水道連在一起）。

生命中有過程的修法就如燕子入巢。假如你觀察一隻燕子在準備築巢，首先牠會檢視周圍的環境，看看附近有沒有水。然後找一個安全、適合養育小孩的地點。當這一切條件都具足時，牠就開始築巢和養育小孩，因爲牠不需要再擔心其他事物。

就如此喻，這修行的第一階段是聽聞和學習這些教導。第二是思惟這些教導，最後是禪修的階段。以非常有系統的方法來修：先是聽聞，之後思惟，然後是禪修。你每樣東西都弄妥，當你要修行時，就可有效率而不需理會別的事物。假如一隻小鳥都有如此見識的話，我們身爲人類更應有好的見識去爲我們的靈修做好準備。假如你想：「嗯，我是人類，我很聰明。」既然如此，用你的聰明才智去好好的爲靈修做準備吧！

第二個中有過程是夢境中有過程，是針對迷惑之自然解脫。這教法就如提一盞燈至黑房內。如果你來到一個黑暗的地方或房間，很明顯，因爲你什麼也看不到，所以你根本無法移動。但是假如有一位朋友跟你一起進去而且手提著燈，那就可以完全看清楚了。就像這個比喻，在靈修上按部就班去聽聞、思惟與禪修非常重要。這麼做可以去除修行上的障礙，同時你會培養出明記、自省與謹慎良知等品德[23]。

第三是禪修穩定中有過程教法，是針對覺識之自然解脫。這實用教法就如孤兒遇到自己的母親。這兒的比喻是一個孤兒不知道自己的母親在哪兒，他到處尋找，經歷了很多的憂傷與不快，但他最後終於遇到母親。當這個無依無靠的孩子遇到母親時，他馬上就知道這是他的母親，一點懷疑也沒有，母親那方也是。雙方面都是完全的確認。同樣的，重要的是我們必須照著按部就班的程序去修行，也就是先聽聞，再思惟，之後才禪修。如此做時，我們必須悟到兩種無我：人無我與法無我。如此修行，我們會了悟自己的本性，就像孤兒認識母親的比喻。

這是比喻大圓滿法。很多讀這書的人可能尚未皈依，沒關係，我也歡迎你們來得到這教法。假如你們希望在這一世成佛的話，我歡迎你們來修。假如你們照著教導修行的話，我保證這會對你們有益處，我保證這會讓你們解脫。我給予這個保證，並不是根據我自己的經驗，或我有什麼偉大的證悟，而是因爲這些法的淵源與傳承。這些法是源自普賢如來，由蓮花生大士撰寫。是基於普賢如來和蓮花生大士覺悟深處的經驗，以及從他們一脈相傳至今的傳承，我才告訴你們：假如你們好好的照著這些法修行，絕對會導引你們達到解脫。

不管你們皈依過沒有，都歡迎你們來修這些法。我如此做的理由是因爲我們都要面對死亡。我們都會死。我們聚在這裡接受這些教導後往哪裡去？我們要去哪兒？去俄國嗎？去打仗嗎？我們有一些別的大事嗎？顯然沒有。我們的大事是我們的心有五毒，這些是我們眞正的敵人。這個修法是讓我們變成戰士去降伏心結。如此做，我們得到解脫。假如你想證悟，歡迎修這些教法。

第四個中有過程是死亡臨終中有過程，這是關於遷識明記的自然解脫。這些實用教學就像遞送皇帝的密令。假如皇帝派一位特使去遞送他的密令，使者的責任是送達密令，完全按照皇帝的旨意去做事。同樣的，當我們每一個人正在死亡的過程中，即使我們沒有在生起次第與完成次第中得到證悟，即使我們沒有悟到大圓滿法，但假如我們曾拿過這些遷識的教法，那就像得到皇上的密令一樣。也就是說，這些法就能幫助我們度過死亡的過程。從現在開始，我們就應該要修轉心四念，準備我們的心，讓我們在死亡的時刻能好好運用這些法。想到死亡時，我們可以問：「嗯，你需要簽證嗎？你過境需要護照嗎？」答案是：「不需要的，你現在可以走了。有無簽證都可以走。」但是我們無法自在的死，所以這些法是讓我們可以有那個機會。

再來是法性中有過程的教學，這是觀照之自然解脫。這些實用教法就如小孩爬到母親的腿彎上。這比喻是針對悟到兩種無我，得到上師指出覺識的本性和從事大圓滿的兩個次第：一、「立斷」（trekchod），立斷至原本純淨；二、「頓超」（todgyal），頓超至自發現前。如此修的話，有些人可在這一世內，也就是在死亡前得到解脫。有些人是在死亡臨終過程中得解脫，有些人是在法性中有得解脫，有些人是在受生時得解脫。不管是在哪種情況下證悟，都是像小孩爬到母親的腿彎上。就如先前的比喻，當一個孤兒確認他的母親時，這是一個毫無疑問的確認。不管你是想成爬到普賢如來或是爬到覺識的腿彎上，這是修這些法該走的路。

最後的教學是關於受生中有過程，是針對受生的自然解脫。實用教法就如修補中斷的運河。這比喻是針對我們目前因爲沒有了悟本性而還在輪迴中漂泊，我們把非「我」執著爲「我」，把非實存的誤爲實存的。當我們屈服於如此的迷惑時，這就像我們切斷了普賢如來與我們之間的運河。當我們修行時，我們就再接上了這源頭，就像你用水管把泉水引至你想要灌溉的田野。從無明的角度來說，好像是我們試著把普賢如來與我們連在一起。但是從眞相的角度來說，普賢如來和我們是同一本性。因此，這兒的過程是了悟我們的本性與普賢如來的本性一樣。這結束了六種中有過程的大綱。

我曾簡短說過，六中有過程的第一中有，即生命中有過程是基礎的自然解脫，包含的實用教法就如燕子入巢。燕子築巢前會先檢查環境，而修這些高的法，不管是生起次第、完成次第、立斷至「原本純淨」、頓超入「自發現前」，重點是做好準備。這在我們的修行上意謂什麼？我們需要好好思惟轉心四念與四聖諦，如此可以使我們的心從紅塵眷戀中轉開。這並不是說當你在修行上有進步時，你就要拋棄丈夫或太太。你應該拋棄的是你心中的三毒，你要脫離的是輪迴。在這個過程中，你實際上是得到一位新的愛人，也就是，解脫成爲你的眞愛。

禪靜（止）

置身、語、意於自然狀態

關於生命中有教導（實用教法如鴿子入巢，斷除內外添加），是建立基礎識。有三部分：首先是身處自然狀態。

這個修法的要點是爲了準備我們自已的死亡過程。當死亡接近時，我們已準備好面對它，高高興興接納它，準備去淨土了。這是這些教法的目的。修這生命中有教法的第一要點是身處自然狀態中。

置身於自然姿勢：如你不知如何置身於良好姿勢，則真正禪定境界無法在心流中顯現，或即使出現也會出問題，故正確姿勢很重要。身直則脈直，脈直則生命氣能的運行會直，生命氣能運行直則覺識安於自然狀態中，如此禪定境界自然生起。

禪定境界依賴姿勢正確而生起，因爲心依靠氣能，而氣能依靠脈。你們有些人在發現毘盧遮那佛的七支坐法是雙盤時可能會想：「嗯，這不但很痛，而且我根本無法這樣坐。」或：「我有身體的障礙，所以我沒辦法雙盤。這是否表示我完全不能禪定？」答案是：「不是的，並不是沒有希望的。」只要去做，盡力以信心去做，這會帶給你完美的結果。所以不要因爲不能做這特別的姿勢就放棄。

如是，至於置身於自然狀態中的身體活動，初學者應該完全放下一切外在世俗活動如耕耘，內在停止如禮拜及繞行佛塔的修行。秘密是堅定與不動的保持正確姿勢禪定，無任何動搖，因此禪定需藉身處自然狀態而生起。

外在簡化你的生活。內在禪定境界因姿勢正確而自然生起。

正確的姿勢（adhisara）[24]是毘盧遮那七支坐法：雙腿盤坐或金剛坐，雙手禪定印置臍下，背脊挺直如箭，小腹內收靠背脊，頸頷微內傾，舌尖頂上牙齦，眼光定住在鼻尖同高度的前方。以上七點無誤安身。如能自然地置身姿，禪定境界自然生起。

置語於自然狀態：置語於自然狀態中亦有三部分：外在靜默停止所有交談及無謂迷亂語，內在停止散漫動作與靈修活動，保持沈默。秘密是停止誦持咒語，默不出聲如斷弦之琵琶。

置心於自然狀態：置心於自然狀態中亦有三部分：持身語如前述，同時讓心清晰，勿從事三時先前或後來欺妄顯相之思惟。內在為心平，勿起善念如本尊禪觀等。秘密是安心於自然狀態，就讓它穩定、清澈、明晰地在你前方空中，在心之自性中，不起見地與禪修的諸念攀緣。如是修三天。

在這個階段的修行中，你不讓心從事任何見地思惟，不管是大圓滿見地或空性的見地等。也就是說，目前你不應該思惟兩種無我或分心檢視思想的生住異滅。目前只是置心於自然狀態中，勿起任何思惟的攀緣。如此修習三天。

你們有些人可能會問如何「安心於自然狀態，就讓它穩定、清澈、明晰地在你前方空中，在心之自性中」。它就是當下的普通覺識，是輪迴和涅槃之本性。它不是物質的，不會被三時：過去、現在、未來所污染，也不會被三時的概念所利益或傷害。這心的自然狀態是心的本性。它是它自己的自然狀態，它不是被創造的，它不是被某些特別傳統所影響的，而是心的自然與本來自性。當我們讓心歇於自己的自然狀態中而不去打擾時，這本性就會顯出。這本性是什麼？這心的俱生本性是自發的現前。

我們可以說它不是實物，它沒有形狀，它不是物質。它從未被任何佛視爲一個實存的東西。但從另一個角度來說，心也是非不存在的。心是與存在之極端見相離，也是與不存在之極端見——虛無主義相離的。此心是輪迴與涅槃的基礎。它的原來本性即是法身。心的品質就是兩種色身：報身與化身。至於修行的道途，在禪定時有三種品質需要培育，就是：樂（bliss）、明晰（clarity）與無概念（non-conceptuality）。這些突出特質是佛的三身。但是在這三種品質：樂、明晰與無概念生起時，假如對它們有任何執著的話，那麼這些品質只會導致輪迴的延續。相反的，如果我們不執著於它們時，那麼這三種品質就生起爲三身：化身、報身和法身。

> 所謂心者，常覺，忙於憶起諸般事，輪迴、涅槃之基礎，故稱「基礎」。喜悲根源為自心，故先建立此甚重要。初修者之心如野馬。例如抓野馬，如果強迫追馳，馬必受驚無法得。故需善巧輕持彼，擒到手中方能托重負。此狂心亦同，若強制不想，妄念泉

湧更加厲，障礙叢生將為病，如心的內氣不平衡。若能善用方法置心於自然狀態，真實禪靜將在心流內生起。

這個被稱爲「基礎」的心是快樂與哀愁的基礎。我們是新手，所以心就像野馬一樣，因此要謹慎，不可用激烈的方法來降伏心。假如沒有一位經驗豐富的上師，或缺乏一套好的修法來照著做的話，那我們可能會以粗暴的方式來讓心寧靜。如果你這樣對待一匹馬，牠會前脚躍起，一邊嘶叫一邊猛衝。同樣的，當我們激烈地制心時，它的回應是思緒更多的騷動。假如你持續用激烈的方法去降伏心的話，不但不會成功，反而只會替自己製造身體和精神的毛病。就是爲了這些理由，才設計出漸進的修行之道，首先以轉心四念降伏心，然後才慢慢到目前這個教法。就如蓮花生大士在這兒說的，以不同的方法去安置心，這樣眞正的禪靜才會在心流中生起。

關於這個心，我們可能會問：「這心是什麼？誰擁有它？它是別人的嗎？它是某種特別的東西嗎？」答案是：「不。」我們大家都有心。假如你覺得你的心已經平靜，你就應該再檢查看看。假如你的心時常受制於三毒：貪、瞋、癡的話，那麼顯然你的心並不平靜。心就像一條河流，它有時被忿怒所宰制，有時被貪戀、驕傲等等占據。這裡所討論到的心，就是被不同苦惱所侵占的相續不斷意識流。

禪靜實修法

有相禪靜修法

首先發心如是想：「願一切等天衆生成圓覺。祈願今生此時於此座，願我得證珍貴無上境。為滿衆生之需求，不管以何方式調馴他們，我將深入大乘法。」兼修上師相應法，安身、語、意於自然狀態。知曉安身毘盧遮那七支坐法為修習之基本。保持身姿，面前置一小物如棍子或小圓石。穩定注視它，勿合眼，亦勿散亂於其他物，穩定、清楚、明晰地專注於其上。勿猛力專注，鮮明地安住此覺識不動於禪靜對象上，不受尋常分心干擾。保持清明徐入安適與鬆弛。同時，安心自然無動穩定於禪靜對象上，勿使妄念紛起。《轉慈悲入道》敘述：「明晰喜悅中禪靜，短時修持斷妄想。」

不要強力把集中力射向對象。例如，你集中注意力像射手一般用力地瞄準靶子，那不是這裡需要的專注方式，因爲那又激烈又費勁。你只需把心輕輕安歇在對象上。敦珠鈴巴爲了澄清此點說：「輕歇你的凝視，這樣你不會失去對虛空（空間）的覺知。」如果你的眼睛開始到處游移，東張西望，你已失去對空間的覺知。你只要集中注視，讓它不會失去對虛空的覺知，但不應用力過度。

由於修持短時間，不易昏沈或興奮。反覆短時如是修，無誤禪靜境界自生起。

像我們這些新手很難有長時間高品質的禪靜，所以最好是修短時間而在一天內重複多次比較好，這樣做可以避免昏沈。當失去明晰時，你的覺識就有下沈的感覺，這是禪靜上的一個大問題。第二個問題是興奮，那是你的心失去了控制，被過去、現在與未來的各種思惟充滿。這時，心就像沸騰的思想鍋子，這也會導致失眠。爲了避免昏沈與興奮這兩種狀況，要修持很多的短課。蓮花生大士說如此做的話，無誤禪靜境一定會生起。所以這是避免障礙非常實際的方法。

當結束修習時，勿突然起立，應謹慎地輕輕將它融入你的行為中，將此轉化為修行道。所有行為應如腦震盪患者那般小心不碰撞物體，謹慎將日常生活帶至禪靜境。如此修習三天。

腦震盪的人不會到處亂跳，他會非常小心地走動。同樣的，當你禪靜後起身時，避免突然的動作。試著保持禪靜的感覺，這包括明記、自省與謹慎良知，以及把它融入之後的覺識。爲什麼在禪靜課完結時要維持禪靜境時的感覺？理由是當我們能持這些明記、自省與謹慎良知的品質時，我們就能慢慢在白天控制我們的心。以此爲基礎，我們學習在夜裡保持相同的控制，以及最後在死後中有過程內能夠自主。這個修法使我們在這一世與之後所有的時間都能控制我們的心。

在正式禪課後維持這禪靜境的重要性並不只限於這修法，這對所有禪修如生起次第、完成次第等都很重要。這就像成長一樣，我們並不是從小孩突然變爲成人。相反的，我們是被小心培育大的，一天、一天，一年、一年，然後我們才長成這個樣子。

> 其次，復安身於正確姿勢如前。鮮明、不動地專注於兩眉中間的白色、光亮、透明、清澈光點上，這就是你的禪靜對象。碗豆般大小，顯現無自性。輕輕釋放於明晰與喜悅中，而且安自心在自然狀態中。勿受雜念干擾。如是修，短時數次如前述。靜修三日或按覺受自決定。仔細檢查時時生起之經驗。

主文的「兩眉中間」，直譯是指兩眉中間的小髮鬈，是佛的證悟吉祥印記中的一個。如果你有一個的話，你就很棒。如果你沒有的話，觀想將來成佛時會在這個兩眉中間「小髮鬈」之處有一個白色光點（白毫相光）。

當你不想受強迫思想打擾時，你不應去追隨所有的思想，不管是好的或壞的。不要認爲有好的散漫思惟就可鬆懈。避免被任何思想打擾。關於「靜修三日或按覺受自決定」這一點，假如你在一天就得到的話，那很好。假如你在一個鐘頭就成就，那很好。但是假如你很誠實的話，你可能需要花一年的時間才會得到眞正的經驗。你應持續修這一階段的教法一年或不管多少時間，直到應有的經驗生起爲止。這讓我想起以前當我在阿須蘭山上時，有一個人來拜訪我，說六個月前他已成佛了，但是現在他失去了這個境界，所以很失望。眞正的經驗不是如此的。不是得到某些美妙境界，然後就這樣消失得無影無蹤。這個以集中注意力而培育出的穩定，是要從心中生起的。它是被培育出與維持著，並不是一閃就過去的經驗。

再次如前安身等。然後清楚觀身如同脹大之氣球[25]。在心際觀想一明亮中等大小光點如奶油燈，是心氣合一體。藍色透明，感覺有熱氣。不靠前後，觀想它在心際。立刻引導意識注意它。明晰、喜悅地斷除雜念。妄想若起，觀想禪靜對象。意識若現激擾，無法持觀對象，表示氣能已太強，需吃營養食物，輕微釋放禪靜對象，放鬆。同時，時刻保持明記與謹慎良知，不受尋常事分心。總體而言，釋放是最重要的，所以自然的釋放心，同時不讓心晃動。

這個修法是觀想身體內外清晰、中空。明點是在身軀正中央。如果你變得激擾時，這是氣在起伏。作者說吃一些營養的食物來平衡，意思是豐盛的食物。不要吃太多，只吃一些豐盛的食物。同時把禪靜對象釋放一些，且放輕鬆，但不是到忘了對象的程度。

防止注意力的晃動，但是釋放是最重要的。說「釋放是最重要的」，這是針對風重的人。這種人需要放鬆一些和釋放心。不同體質的人，應依據此來調整你們的禪靜狀況。例如，假如你體質是熱性的話，你就在涼的地方修行。假如風或氣能比較強的話，就在一個較低的地方修，而且把你的覺識放在低一點的位置。假如很容易呆滯或呆鈍的話，就必須提高你的凝視與專注。每當你開始轉往一種或另一種極端時，就應以禪靜技巧來平衡。

再者，如果沮喪或悲傷生起，表示你的意識已變扭曲，應開始思惟輪迴之過，想圓滿閒暇人身之難得，想無常，對上師生起虔誠尊敬心。要知足並想著：「我現已得珍貴圓滿之身，我已遇珍貴正法，我已走上甚深修行道。」思惟：「如我現在不勤修，我將會錯失良機，我無法去想以後會發生何事。」努力生起勤奮心和愉悅心。如此做之人將會發現禪靜會從心流中生起。

這裡作者提到轉心四念的主題。這正是你們最需要修的部分。當主文提到「你的意識已變扭曲」時，你是以思惟輪迴之過來把它拉直與回復原狀。

如它無法生起，清楚想像面前空中有金剛薩埵尊，約有一手掌高。出現時本尊無自性，像擦亮的水晶，白色透明，質性為光。把覺識專注於本尊心中，如此清楚鮮明的觀想，做短時修行如前。

關於此，《總佛思經》敘述：「單只憶起金剛薩埵會有不可思議之益處。」

輪流專注覺識於面前空中之釋迦牟尼佛上，閃耀金色光。

《三摩地王經》記載：「如是觀想亦有不可計量之益處。」

或者，你可以清明地、不動地把注意力放在面前空中閃爍白色觀音菩薩心中央的白色種子字，右邊有兩小圓點㉖的「合瑞」（ཧྲཱིཿ）上。

《織籃經》記載：「這亦有不可計量之益處。」

禪靜於這些對象，思緒會均勻的減少和變得越來越細微。開始時，思緒會增加，很多念頭生滅不斷。這表示禪靜狀態開始生起。這時候，你也許會對禪靜不悅而疏懶懈怠，或你甚至會有放棄修行的危險，想著：「這靜坐並沒有進展，念頭在靜坐中變得越來越粗糙！」這時不要沮喪，應輕柔的照著教法修。念頭增加是禪靜之始。以前，即使雜念轉動不停，由於無明記之守衛，所以它們自然的流出。當它們的增加被明記之守衛察覺時，它們就被認出了。這是禪靜生起時的好徵象，所以應輕輕的認出這些雜念。即使你試著阻止它們，它們也不會停止的。不要追隨這些念頭，專注在禪靜的對象上。如此做，念頭會變得越來越細微，而且數量也會減少。

禪靜於上述對象，你的念頭會漸漸減少，而且變得更細微。開始時，心也許會顯得更擾亂。事實上，它本來就是如此，只是以前你並未覺察到。這是你第一次發現你的心如此亂。實際上你是在進步。

「輕柔」這兒也是慢慢的意思。因爲我時常說：「慢慢來，慢慢來。」所以懶散的人就說：「我就是照仁波切說的，慢慢、慢慢的修行。」這並不是我的意思。我是在說輕緩的、漸進的、有毅力的持續修。應該是這樣修才對。心流激奮明增的第一個徵兆，是像小溪在山邊瀑布般往下急落。即使你試著阻擋這些思想，你也不會成功。這就是在禪靜開始時我們心的狀態。

即使你如前禪靜於對象上，假如有害習性之思緒突然跳出，把注意力放在這強迫性的概念上，以它為禪靜之支持。任何貪戀與憎恨的有害習性生起時，認清它們，以放鬆的態度將心釋放於它們上。每一次一個念頭生起時，立刻覺知它，釋放它，讓它自然消失。假如兩個念頭生起時，覺知它們。不要跟隨任何現起事物，讓它生起與釋放。有時專注在禪靜的對象上，有時讓念頭生起與消失，不加諸揑造，同時放鬆與釋放它們。如此交替著練習，強迫性概念之鏈鎖就斷了，念頭就會支離破碎。如此有害的念頭就會越來越少，而後好的穩定狀態就會生起。如此靜坐三天或隨經驗作主。如以這些對象之真實禪靜在你心流中生起的話，就可訓練尋出覺識。整體來說，由於很難把傷害性的習性降伏為潛伏性的傾向，故需用不同的方法來安心於自然狀態中。

當你在禪靜時，假如有貪戀或憎恨忿怒之思緒生起時，你可集中注意力在這貪戀或憎恨的對象上，讓這些做爲你的禪靜對象。把覺識放在生起的思緒上。在禪靜的初期，念頭好像是相續不斷的溪流，但當你禪靜進步時，漸漸的這些念頭開始變少。它們變得比較細微，出現得也比較少，你也開始察覺出念頭與念頭之間的空隙，而不是不停的洶湧流出。這兒是有正確次序的。首先，讓眞正的禪靜生起。在這上面努力，直到它實在生起爲止。之後，從事下一階段的禪修。這是尋出覺識的本性。

所有我們得過的修法，包括前行法與這些能培養出禪靜的不同方法，是爲了讓我們可以控制自己的心。這是重點。我曾經談到不能用激烈的方法去降伏心，因爲當我們如此做時，心變得非常擾亂。這個理由是因爲心的三毒：貪、瞋、癡的無始習性。就如作者所說，這就是爲什麼需用不同的技術去制伏心。

這整個訓練的主要特徵是覺識的自我解脫或自然解脫。這個意思是心結是自我鬆開與釋放的，這就像一條蛇從盤旋中自己解開一樣。自然解脫是自我發生的，非靠外來的媒介。重要的是認知自然解脫和原本解脫的差別。談到原本解脫，是沒有結需要被解，沒有東西要去釋放，因爲心已是原本解脫的。在修行道上談到自然解脫是適合的。但是最終，心是原本就已解脫的。

> **訓練生命氣能**：保持毘盧遮那七支坐法，讓背脊挺直，以手撐地。然後，完全呼出氣三次，一次經右鼻孔，一次經左鼻孔，一次從中間。同時觀想罪障全被淨化，而且罪業從鼻孔以蠍子的形狀噴出至面前空中被原本智慧火焰熊熊燒盡。這可排除生命氣能的毒素。隨著吸氣，吞嚥口水一次，把氣壓至臍下，不想任何禪靜對象，安住覺識於明晰中。當持不住氣時，完全呼氣出去。如此修習三天。

「從中間」的意思是從兩個鼻孔同時呼出氣。有些藏人行者是吸鼻煙的，所以當他們在呼氣時會有一些東西飛出來，因此觀想會容易一些。主文「以蠍子的形狀」只是一個可能性。如果你偏好蟑螂，你也可以觀想蟑螂從鼻孔噴出。

訓練三個種子字之無生金剛頌：呼盡餘氣，置身如前。吸氣時，想像三時諸佛的身加持為白色「嗡」字（ཨོཾ）被吸入。將上方生命氣能壓下，把下方生命氣能往上提，兩者會合在臍下處。

在上方與下方生命氣能相會合處緊閉的寶盒中央，想像三時一切佛的語要義以一個鮮明空虛的紅色「阿」字（ཨཱཿ）顯現而無自性。將覺識放在那兒，能多久就多久。當無法持氣時，把氣呼出，同時想像三時一切佛心之本質以藍色「吽」字（ཧཱུྃ）被呼出，並想像它們是化身佛（Nirmanakaya或trulku）為度世間而不斷湧出化現。

如此，以不動的覺識維持注意力在吸氣為「嗡」字，持氣為「阿」，與呼出氣為「吽」字上。如此不斷做稱之為「無生金剛頌」。在一天中有兩萬一千六百次氣的運轉。修習同樣次數全套的三個種子字的「無生金剛頌」會有不可思議的功德，故應勤修不斷。修三天，然後不斷的修。到目前為止所討論的是以有相達到禪靜。

我們當然從早到晚都在呼吸。與其浪費呼吸在講閒話等等，還不如把這呼吸用在金剛頌上，據說這樣會有巨大的利益。時常有人問我：「修寶瓶氣會有什麼效果？」我的回答是：「你爲什麼不自己去修，你就會看到效果。」

無相禪靜修法

置身如前。當穩定的注視面前虛空時，不凝定於任何事物，穩定的專注意識不動於前方虛空中。增加穩定，然後再放鬆。偶爾尋思：「那個在專注的意識是什麼？」再穩定的專注，然後再尋思。如此交替著修。即使有懶散與倦怠，如此修將可掃除它們。以不動的明記去從事一切活動。如此修一天。

先前在有相禪靜的修法內，是有一個東西如一根棍子或一個小石頭。在這修法內，你只把眼光和覺識放在前面虛空中，不需要到處看來看去。你到底在看什麼？同時很重要的是去堅定的維持三種品質，特別是初修者。這三種品質爲明記、自省與謹慎良知。

「增加穩定」意思是更強烈集中注意力。偶爾如此做，偶爾放鬆。不要所有的時間都在專注，把強烈專注與鬆弛交替著做。有不同的方法在一整天中維持明記，一個是不斷地維持在對虛空的覺知上，另一個維持明記的方法是從事金剛誦。不管你用哪種方法，在正式修行課外，很重要的是你不要放棄修行。

置身如前。將目光往下看，輕柔的釋放心，不凝定於任何東西，把身心輕柔的釋放於自然狀態中。沒有任何東西可凝定，也沒有任何修飾或摻雜，只是把注意力不動的放在自己的自然狀態中，自然清澈中，自己的性質中，就如此而已。處在明晰中，安息自心使其放鬆自在。交替的察看是誰在內裡專注與誰在放鬆。如果是心在作用，自問：「那放鬆自心和專注自心的媒介是何？」穩定觀察自己，然後再釋放。如此做，好的穩定會生起，你甚至可以辨明覺識。如是修一天。

在「沒有任何修飾或摻雜」之下去安心是什麼意思？覺識的修飾或摻雜包括好與壞的思想、計畫和一切的評判。你也應以「不動」來修行，所以假如你坐在那兒而心到處遊蕩的話，也不算修行。讓你的覺識「在它自己的自然狀態中，自然清澈中」，意思是如果你在靜坐時而心變得黯淡的話，你也沒有修對。

然後如前做。完全專注集中意識不動搖，再輕柔的釋放它，然後均勻地歇於開闊狀態中；再次專注，然後再釋放。如此交替緊縮與釋放來禪靜。有時，穩定的把注視導引往上向天空。穩定的集中覺識，但心要記得不凝定於任何事物。再放鬆。有時穩定的、不動的把覺識導引到右邊虛空中，有時導引到左邊，有時往下。每一節禪靜課時，轉換注視在這些方向。

在這一階段的修行內，你會有對虛空的覺受，因此你就不需要告訴別人你需要一些空間，你已經有空間了。「把注視導引往上向天空」，是指你向上注視，不要把頭頸引上，只是輕柔的把注視往上向天空。你要導引至虛空的這個覺識的本性就是佛的本性。它是像虛空一樣沒有邊界，沒有自性。這就是你漸漸要認出的覺識。這就是如此被導引的覺識。

偶爾自問：「在集中注意力的人之覺識是什麼？」讓覺識穩定地觀察它自己。有時，讓你的心識歇於心中央，很均勻地把它留在那兒。有時，均勻地集中心識在廣大天空中，把它留在那兒。如是以不同與交替的方法來轉移注視，心就安住於自然狀態中。如果無論你如何置放覺識，它都能均勻、清明、穩定地留住，這表示禪靜已生起。

「廣大天空」意謂著覺識的無限品質是沒有邊界或限制的。「釋放」這詞會在這個主文內不同的情況出現。它會在夢境中有的淨光修行和禪修穩定中有過程內再次出現，每次有不同的涵義。

這個均勻住留的覺識，是佛的本性或如來藏，意思是佛或如來的胚胎或本質。這是我們自己覺識如虛空一樣無量的本性。但在我們目前的狀況下，這好像我們把它塞到一根我們已扔到垃圾桶內的扭曲管子內。這佛性之本質是輪迴與涅槃的平等性。它是輪迴與涅槃的基礎，它是超越三時：過去、現在和未來。所以覺識的本性是超越現在。

有一些人可能疑問：「你說覺識超越現在。但主文內別的地方提到『現在的覺識』或『當下的覺識』，你怎麼交代這兩句的差別？」「現在」這個詞有不同的用法。前一句裡的現在是目前發生而不是過去或將來發生的。從那個角度來說，覺識是超越現在。後一句的「當下的覺識」，這個覺識是原本就沒有開始與結尾。所以這個覺識是原本就現前。這是一般眞理和絕對眞理的分別。

這段主文的最後一句：「如是以不同與交替的方法來轉移注視，心就安住於自然狀態中。如果無論你如何置放覺識，它都能均勻、清明、穩定地留住，這表示禪靜已生起。」這些是讓你知道禪靜已在你心流生起的徵示。當你得到此時，你永遠不需要告訴別人：「給我一些空間。」或感到寂寞。不管你把注意力放在何處，它都會充滿平靜，就像一支沒有被風吹動的蠟燭一樣的平穩。

在你修行的期間，你可能已經有以下三種品質的經驗：樂、明晰與無概念。當這些生起時，假如你不攀緣它們，它們就會生起爲佛的三身：化身、報身與法身。假如你是以執著回應的話，從業力上來說，樂就會導致轉世入欲界，明晰是轉世入色界，執著於無概念則導致轉世入無色界。這三界全是在輪迴中，所以沒有必要爲了達到這三種境界而去禪靜。要點是不要執著它們。

> 如果覺識開始變得混濁、無法明記，這是散漫或昏沈的問題，所以要使它清醒，激勵它，轉移注視。如果它變得分心和興奮，重要的是將目光放低再釋放覺識。如果三摩地生起時而你無法說「這個是禪靜」和「這個是概念化」，這就是遺忘的問題。因此以專注和釋放交替著修，並確認是誰在靜坐。認清禪靜之過，並馬上去除它。

我先前提過「鬆弛」是心在下沈，心已失去敏銳。這是當你失去注意力的靈敏度或銳利面。當鬆弛增加時，它就變成怠惰，就像天空變得陰暗。當怠惰增加時，明晰就減少，所以它們是相反的。再者，當「昏沈」開始時，心變得黯淡、失去明晰。當心在任何這些方面變得渾濁，它就失去明記，對治法是增進它的明晰度。

爲什麼心會變得混濁，無法明記，鬆弛、黯淡與怠惰？一般來說，這是因爲我們從無始以來就習慣於不良的心境。而你禪靜之處可能會導致鬆弛和怠惰。第二，禪靜的時間可能引起鬆弛與怠惰的問題。第三，如果你與破三昧耶誓戒的友伴在一起禪靜的話，這會阻擋你自己的修行並導致鬆弛或怠惰。第四，你的飲食可能導致這些問題。第五，如果在禪靜時或在課與課之間你的姿勢是不正確的話，這也可能引發鬆弛與怠惰。最後，假如禪靜方法不妥當，也會導致鬆弛與懶散。所以你們可以有很多鬆弛與怠惰的藉口！

至於避免鬆弛與怠惰的環境，重要的是不要在像盆子般的地方禪靜，如深谷或低窪處，以及封閉的地方，應在空曠與開闊的地方修。避免在許多方面已被污染的地方修行，例如，被以前在那兒住過和破三昧耶戒的人所污染。假如你發現你的環境好像在阻擋你的修行的話，淨化它。你可以燒煙供（sang，藏音「桑」）或用別的方法去淨化。小心不要你自己把它污染了。

至於禪靜的時間，夏季可能是容易怠惰的時候，因爲暑熱。春天也可能是讓人懶散的時候，它會引發鬆弛與怠惰。所以這些不是禪靜最好的季節。在西藏，人們通常比較喜歡秋天與冬天。

至於每天的修行，一般來說，清晨是最好的禪靜時間，其次是晚間。白天的熱不太適合禪修，因可引發鬆弛與怠惰。

至於食物，重要的是有恰當的飲食使你不會覺得沈重、怠倦與想睡。你可以加持食物或至少念「嗡嘛呢佩美吽」。不管你用哪一種方法，你應該確定要吃的飲食是好的，並以祝福淨化它。

至於姿勢，一般的建議是不要躺下來禪靜，如果你是比較傾向鬆弛和懶散，躺著的姿勢容易讓你睡著，那麼坐直，不要垂頭彎腰。

最後，關於禪靜的技巧，特別是新的學生，假如你試著只坐著而不用任何禪靜對象，只是把眼光專注於虛空的話——因爲你不曉得如何去善巧的修——這技巧會導致你睡著，或者心到處遊蕩導致你失去時間感。因此你會在內心喋喋不休或者甚至睡著了。很重要的是你應知道正確的禪靜法。在這個特別的技巧內，你確實是把覺識放在前方虛空中，但是你的覺識一定要有這三種品質：明記、自省和謹愼良知。假如你如此修的話，可避免這些問題。

鬆弛、怠惰和昏沈形成漸退的一組。另一相互關聯組是激奮、散亂和罪惡感。

當激奮出現時，你就開始憶起各式各樣過去的事，記憶湧進心裡，你被它們牽著走。你不只是憶起過去所發生的事物，你還把這些問題經營起來。然後心跳到將來你需要做的一切事，它也住留在目前所發生的事情上。心是以擾亂與激動的方式在三時內遊蕩。繼續下去的話會導致心不舒服，和精神不平與不安。沮喪會出現，你可在心際中的肉體實際感受到。這是激奮的症狀。

當散亂開始時，心是被強迫性概念襲擊，它一直不停的想過去、現在和未來的事物。心是在概念侵入的騷動中，這會變成失眠。這可能導致肩膀緊繃或心胸緊悶。你可能感覺不滿。

如果散亂持續下去的話，會導致懊悔、自責和罪惡感。例如，當你看到修行變得如此糟就可能會感覺：「我的禪靜還是很爛。我一點進步也沒有。我也不會有進步的，我是在浪費時間。我倒底在做什麼？」這是第三階段。這三個階段：激奮、散亂和懊悔是強迫性概念所造成，這樣心越搞越糟。同時你當然沒有成就禪靜。

你可能在其他方面替你的修行製造問題。例如，當禪靜看起來很好時，你可能恭喜自己說：「我修得很棒。我修行會成功。我是一個禪靜很棒的人。」這些思想是阻擋修行的眷戀、攀緣和執著的表現。你可能對禪靜的品質如樂、明晰有眷戀。

攀緣是即使你把有臭味的東西取走，衣服上還是會留著這些氣味。就像味道攀著於衣服上，心亦如此攀緣於經驗的對象上。

執著特別是發生在當一個人不知道修行道上還有更高的成就時。假如你不知道它們的話，你可能對自己的經驗產生執著或認同，想著：「這就是所有的了。」這個態度會阻擋修行道上更進一步的進展。這可能是小乘行者阻止自己進入大乘的原因，因爲他們執著於自己的修行，認爲：「這就是一切了。」而拒絕去看更高、更深的修行。同樣的，在密乘裡，有些人會執著於兩個次第：生起次第和完成次第，分別是瑪哈瑜伽和阿努瑜伽，認爲：「這就是最高的了。這就是所有的了。」因爲執著於這兩個次第，他們無法進入大圓滿的修行。因此，執著可能發生在不同狀況內。執著也可能是針對自己的國籍與種族，也就是說，你可能會執著自己爲「我是中國人」「我是美國人」「我是英國人」。

這一切認同的例子都是執著和攀緣的表現。在禪靜時，一旦你對三種品質：樂、明晰和無概念有任何執著，眷戀和攀緣等就一定會同時出現。這是一個障礙。

上師當然可能有自己的缺點或毛病。例如，老師可能有門戶之見而認爲：「只有紅教的教法是好的。」西藏密宗其他派系的上師可能認爲只有白教、黃教或花教的教學是純淨之道，而其他的教法都是不實的。同樣的，門戶之見的教學也可能宣稱只有大乘的教學或小乘的教學才是眞的。但也有可能是因爲學生本身缺少智力與智慧，而看到上師有缺點。因此，蓮花生大士向學生和老師指出：「小心不要掉入門戶之見與狹窄之見的陷阱中。」

如果你發現你已掉進這種毛病，首先，你應接受教法。然後向一位眞正好的導師坦誠你的毛病，以得到好的忠言和勸告來去除問題。向自己的根本上師或本尊誠心祈禱或祈請，也是恰當和有幫助的。這些是清除問題和障礙的有效方法。總而言之，所有這些問題都是從一個源頭而來的，就是執著。

執著的毛病是我們大家都有的，不是一兩個人才有，是我們都需要認知和抵制的。用這些教法去審查自己的行爲和心，去看看你的心到底還受制於貪、瞋、癡三毒到什麼程度。審查你自己的心才是你自個兒的事，你不需檢視別人和批判別人。在學佛人之中，很不幸的是有一些人只是批評別人但從不審查自己，這種人不實修而只是沈醉在世間八法內。所以雖然他們得到這一切的教學，但他們實際上是變成更糟的人。

我再次強調，審查自己的行爲，去看自己的心還有多少受制於貪、瞋、癡。不需要去檢查別人的行爲：他們幾點起床、吃什麼、幾點睡覺、禪修多少、什麼時候去廁所等等。這不關你的事，你應該只管自己的事。從某個角度來說，美國人有太大的自由；但是從另一個角度來說，他們又沒有自由。他們的大自由是向十方講是非和毀謗，但這並不是自由，我認爲你們需要自我解脫，那才是自由。假如你想解脫的話，就應眞正去修行。

> 無瑕疵之禪靜是像不受風吹搖動的油燈。不管覺識放置何地，它都不動地現前；覺識清楚明晰，不受懶散、倦怠和昏沈玷污；不論覺識被導向何處，它都穩定、敏銳的持著，不受偶發之念動搖而仍然挺立著。如此，無瑕疵的禪靜在心流中生起。直到那個時候之前，重要的是安心在自然狀態中。如無真正的禪靜在心流中生起，即使覺識被指出，它也只不過是智識性的認知；這樣的人也只能在嘴上說說見地，並有陷入教條的危險。因此，所有禪修境界的根基有賴於此，故不要太快被指出覺識，而應持續修習，直到良好穩定經驗生起。到目前為止，所教導的是有關有相和無相的禪靜修習。三昧耶。

當談到覺識「敏銳的持著」和「挺立著」時，這是把它比喻爲一個不被任何微風所吹動的火焰。「嘴上說說」直譯是你的見地只在嘴裡，並不是眞正洞悉見地。「教條」是你感覺：

「哇！我已得到了！」而聽不進任何人的話。你認爲：「嗯，只有我得到了。」但你所得到的實際上只是嘴上談見地，並沒有眞正的洞悉。當你的覺識被指出卻還沒有先得到眞正的禪靜時，就可能會變成只是嘴上在說教條。

洞察（觀）

揭示覺識之本性

因此，運用多種技巧來安心於自然狀態，直到真正禪靜在心流中生起。譬如說，假如你想在池水中看到行星與星群的倒影，若池水有波浪則無法看清，但當池水平靜清澈時則能清楚反映。同樣的，當心受外物之風吹擾時，就像騎在跳躍的野馬上，即使被介紹覺識，還是無法認出它，因為當心是無助地受強迫性概念的擺布時，就無法看到它的本性。

根據一些教學傳統的習慣，你先是被介紹見地，再基於此修禪靜境。這使認出覺識變得比較難。在這傳承，你先確立禪靜境，然後在此根基上被介紹見地。這個甚深要點使你不去確認覺識都很難。因此，先安心於自然狀態，再把真實禪靜帶入心流中，並揭示覺識之本性。

安身於七支坐法如前。固定注視在面前虛空中，在鼻尖高度的空中，無任何亂緒或欺矇。這是注視的益處。在所有眾生心的中央有中空水晶「卡地」脈，是原本智慧脈。如果此脈朝下關閉的話，原本智慧即受蒙蔽，而迷惑生起。如此，在動物界此脈朝下且關閉，所以牠們是愚癡而迷惑。人類此脈平置而微開，所以人的智力是聰明的，意識是清明的。對已成就悉地者和菩薩心中，此脈是開放並朝上，所以不可思議三摩地能生起，原本智慧和廣大六通生起。這些生起是由於原本智慧脈開放的特質。因此當眼合閉時，脈閉朝下，故意識因黑暗之混淆而黯淡。藉著穩固的定住注視，脈向上打開，這使純淨覺識和非純淨覺識分開。然後，清明無念三摩地生起，和許多純淨景象出現。因此，注視是重要的。

在所有的論集中，除了《大圓滿如日清靜廣大密經》和《藉思憶自然解脫》外，中空水晶「卡地」脈未曾被揭露而無此原本智慧脈的討論。不與中脈、左脈、右脈，或其他五輪中任何脈相似，也絕非和它們任何一個相同。它的形狀像要啟開的胡椒粒，內中無血和淋巴液，清澈透明。有關開啟此脈的特殊教法隱藏於關於下密輪、大樂和欲望的自然解脫法中。較低的乘連此脈的名字都未提到。

如是，在穩定維持注視時置覺識於虛空中，不動、穩定、明晰、赤裸、固定，而無任何事物可禪靜。當穩定增加時，檢視穩定的意識。而後輕柔的釋放和放鬆。再次穩定的安置它，和堅定的觀察此刻的意識。那個心的本性是什麼？讓它堅定的觀察自己。它是一件清明、穩定的東西或是虛無的空？那兒可有一物去確認？一次又一次觀察，然後給我一個經驗！如此從事觀察它的本性。修習一天。

尋索心

坐姿、注視如前。穩定置心於前面虛空中，讓它現前在那兒。詳觀今天你自身有何物置於該處？詳觀置心者與被置之心是一體還是兩個？如果是不同個體，就一定會有兩個心，那麼一個一定是在佛境界，而另一個是在輪迴中打轉。所以仔細、果決地觀察它們是否為兩個。如果並沒有多過一個，那這一個是心嗎？觀察：什麼是所謂「心」的真相？它是不可能在外物中找到的。

人們好像迷戀於尋找事物。雖然我們每一個人都有父母親，但是我們忽略他們。我們有些人有上師，但我們忽視他們。證悟有原因，但我們忽視它們。我們每一個人都有佛性，我們也不理會它。然後我們開始尋找佛，我們到外面去尋找佛。他們能在哪兒？我們用不同的方法向外到處尋求。然而，實際上我們眞正要找的是自己。

當你把你的覺識導於前面虛空時，這好像有人在引導你的心。好像有一顆心被集中，好像有一處是這個心被集中的所在地。如果這個心是被引導的話，那不就表示它是一樣東西嗎？如果是的話，那麼它是什麼樣的東西？把心放在你前面虛空是什麼意思？這是否像擺一樣東西在前方，例如擺一張桌子在前方？你放在那兒的是什麼樣的一個東西？

這兒的詢問與「人無我」的探索相當類似。在目前的探索中，你問：「心有顏色嗎？有形狀嗎？它是什麼樣的東西？被放的是一個東西嗎？」在問了這些問題後，你再問：「在放置心的是什麼？」假如有兩個心的話——一個被放，另一個在置放——那麼是否有一個已經是證悟的、另一個只是在輪迴中漂泊？如果有兩個心的話，爲何在此停止？難道不應該有第三個心是在檢視前兩者？這樣下去何處可止住？

這兒的重點是：親身去探索，直到你完全確信。即使你修過一點禪靜，但沒有得到相當的認識就不算通過這個修學。有一些人花了很多年從事聞思修，但在很多年後還未得到足夠的認識，理由是他們的探索沒有達到確定。

關於被置放的心和正在置心的媒介體，你一定要找出此心是什麼樣的現象。它是一個東西嗎？它是一個物質嗎？它是眞的嗎？如果是東西的話，它有顏色嗎？它有形狀嗎？在這一類詢問過程中，你也是明確的在詢問你自己的本性。這個「我」指的是什麼？這個「我」的本性是什麼？過去的佛與菩薩從來就沒有在外在物質中找到心，所以這可以表示它並不存在爲一個外在的東西。因此，心是不生、不滅、不住留的。當談到外在物體時，這就是在五大或整個的環境中。心並不在任何外在環境中被找到。

讓思索「心是像什麼」的人觀察這個意識，並去搜尋它。穩定觀察靜坐者的意識並尋找它。觀察所謂的「心」實際上是否存在？假如它存在的話，它必然有形狀。那它是什麼形狀？赤裸地看並把它找出來。決心要看出它是什麼形狀，是球狀、長方形、半圓形或三角形等等。假如你說它有形狀的話，拿那形狀給我瞧瞧！假如你說沒有東西可顯，告訴我可不可能有不能看到的真正形狀。確認形狀的空性。

「赤裸地看」意思是直接、無遮掩。蓮花生大士說：「假如你可以找到形狀就把它顯示給我看。」也許你可以眞的找到它。也許你可以找到過去所有佛與菩薩找不到的。假如是如此的話，那很棒！談到心，「形狀的空性」是指在這一類的探索中，我們找不到形狀。並不是指心有一個空的形狀。

同樣的，讓你自己檢視「心」是否有任何顏色、大小或面積。如果你說它都沒有，再檢視它是否是虛無的空。假若你說「心」是虛無的空，那這虛無的空如何知道怎麼禪修？說你無法找到它有什麼好？如果心是虛無的話，是什麼帶出瞋恨心？難道沒有一個人在想心沒有被找到？穩定的正視它。假如你無法發現它像什麼，仔細檢查是否去想「心」在何處的這個意識本身就是「心」？假如是，它是什麼樣的？假如它存在的話，那它應該有實體和顏色，但它有嗎？假如它不存在，那你就像是無知覺的屍體，然而不是有人在思想嗎？如此，在存在與不存在之間，決心要觀察出它的真相。如此引入你的覺識並導引它。

在這個詢問裡，如果你的結論是心是實存的，而且是有某些品質如形狀、顏色、面積等等的話，你就陷入一個極端。另一個極端的結論爲心是虛無的。其中的挑戰就是你航行在這兩個極端之間。第一個是永存的極端，執著於心爲一外存之物。當你從這個極端轉開時，就可能會掉入相反的極端：虛無極端，認爲心只是虛無的。如果你的結論是心是虛無的，你應該再問：「是誰在想那個？」假如是一個「虛無」，一個「虛無」又如何能想那兒什麼都沒有？

由於衆人智力不同，有些人會報告他們在存在與不存在之間什麼都找不到。讓他們再仔細察看這個認為沒有發現任何東西的「心」。是否有什麼東西是靜止的？是否有一個明晰？是否有一個靜止的空性？細察！假如他們報告說有一靜止，那是禪靜，故那不是心。尋出覺識，再找出它的本性。

如他們說它是空性，那是其中一面，故讓他們尋出覺識。假如他們說有一個意識是有些靜止和有些明晰，但無法表達，他們已稍微指認出來，因此他們應確定並認出它。讓這個階段的修行持續一天或視需要而延長。

探索心之本性的人，假如你下結論這是空性，你已認出其中某些面。但是你需要更深入，你需要對心性的認知有更大的確定。這工作是很淸楚的：確定心的本性。主文說可修一天，那很好。假如需要一個月，那很好。你也可能半個鐘頭就修完。假如你眞正敏銳的話，你可能一秒鐘或一彈指間就做成了。但是你如果是一個特別遲鈍的人，你可能花了一輩子去試著做卻還沒有成功。

認明覺識

讓所有學生在你面前以毘盧遮那佛七支坐姿坐定。現在置覺識於面前虛空中，穩定無修飾，固定不動搖，明晰，無禪靜對象。如此做，因不同的智力根器，有些人在心流中會生起一個無概念、無媒介、非觀念營造的真相。有些人會有穩定的覺識。有些人會有穩定、非虛無的空性自然光輝，而且會生起這就是覺識本身、是心的本性的了解。有些人會生起直截了當的空性感受。有些人，顯相和心融合，顯相非在外，覺識非在內，而生起它們是平等無分別的感受。不可能沒有任何這些經驗出現的。

這個訓練是提供給合格的學生，這些學生對心的本性已有相當肯定的洞察，不管他們是花了多少時間。也就是說，他們在培養禪靜和洞察方面建立了良好的基礎，可走向下一階段的修行，也就是確認覺識。

這個階段的修行是沒有集中心的對象，也沒有支持禪靜的做作對象。沒有任何的營造。「不同的智力根器」是指不同程度的智力敏銳度、覺識明晰度或淨化程度。還有可以從「卡地」一脈的閉、半開或完全開放程度來了解。但重點是學生不會是相同的根器。

對我們目前來說，顯相與覺識看起來好像是分開不同的。但在目前這一類修行裡，有一些人會生起顯相與心的融合，顯相不再只在外面，而覺識也不再只在裡面。

此時，根本上師應給予下列教導：哦，堅定不移、無修飾地置心，同時穩定觀察這意識。哦！一旦你在強迫性念頭生起時就平息它們的話，心是無修飾的，那裡不是有一種不動的穩定嗎？哦，這就是所謂的禪靜，但它不是心的自性。現在穩定觀察你已靜止的自心本性。是否有一燦爛的空性，它不是任何東西，不是奠基於任何物質、形狀或顏色的性質中？這就叫作「空的本質」。是否有一空性的光輝是如是的不斷、明晰、無瑕、光滑？這就叫作「明晰本性」。有一個覺識是如是的不變與燦爛，它是非奠基於任何事物的無瑕空性，而且是與這明晰不斷空性的光輝不可分。

這個當下不動的意識非語言能表達，故名為「覺識」。就是這個「覺識」在思考，故名為「心」。就是這個記憶一切事，故名為「明記」。雖然不被看到，但這是一種特別的看，是明晰、穩定、不經媒介、堅定不移，故名為洞察。就是這個在分別所有現象，如同分開菇蕈褶層一樣，故名為「分別智」。所有詞如善逝[27]、唯一精要、絕對本性、原本智慧、中道、絕對真理、大手印、大圓滿、空性，皆是這個的各種名詞。這堅定的覺識是存在的，故就是它能以眼視物，以耳聽音，以鼻嗅香臭，以舌嘗味等等。所有這些事物的經驗者，皆是這個明晰覺知的「當下的覺識」。然而因為我們有了這個，而它常以憎厭、貪執、瞋恨等等出現，而且因為它能知曉、記憶並覺知，故我們名為「有情眾生」。

我們應知道所有心的活動、一切的認知、我們所有的思惟等都是心在作用。「分別智」就是有能力去分辨這個和那個，去分類和去辨別修行道路和修法的不同階段等等。

雖然有一個持續、直接、明記的覺識，但它並不認識自己，故名為「俱生無明」。它是如何無明？雖然眼睛能外視一切物，但它不能反身來看見自己。同樣的，此心不見、不知、不認識它自己，故稱為「無明」。能向自己顯現的意識名叫「覺識」和「原本智慧」。簡短地說，就是這個明晰、穩定的意識，是平常、自然地現在現前。

我們習慣看不到自己的缺點，即使看到了，我們的習性是去掩蓋它們。如果諸佛不遮掩自己的缺點，如果耶穌基督沒有遮掩自己的錯，那你認爲我們眞的可以蓋住缺點嗎？其他人可能找我們的錯，貶低佛教徒與佛教；那貶低別人的人只是在展現自己的缺點。並不是說我們沒有過錯，我們是有缺點的，因爲我們還在修行道上，我們尙未成佛，因此我們會有過失與缺陷。但只把時間花在找別人錯並且廣播出去的人，他只是在羞辱自己。如果我們不改變，依然花時間找別人的錯，這個就是我們的羞辱。

在看到別人的錯時，如果我們是小乘行者，我們應轉向自我解脫的修行。假如我們是大乘行者，此時適當的修行是慈悲心。如果我們是修生起與完成兩次第的密乘行者，就應有淨見，看到他人神聖的一面。如此根本看不到別人的缺點，因爲淨見滲透整個覺識，以此來看世界。

除此以外，如果我們修大圓滿法，這是超越純淨和不純淨的分別。在這個見地裡，一切現象都被經歷爲平等性或平等味。純淨與不純淨的概念根本不會生起。至於缺點，手指應該指向自己，因爲找別人的碴是我們自己的羞辱。達賴喇嘛時常分辨榮譽和不榮譽的行爲。找別人的碴兒是我們自己的不榮譽。在善與不善行之間，找別人的缺點然後把它們廣播給其他人聽是不善行。佛法行者如此做不但失去皈依誓戒，還失去所追隨的靈修傳承。高地位的人從事這些就是大恥辱，中等地位的人就是中等恥辱，低地位的人就是比較小的恥辱。不管怎麼樣，它都是恥辱。一旦我們開始把手指指向別人說：「你不應該做這個。」我們已經太過分了。假如我們想找別人的錯，就讓我們找自己的錯並改善自己。

當聽到覺識或原本智慧時很容易會認爲：「哦，這是哪一種特別的意識？這個是什麼樣美妙的東西？它在哪兒？它値多少？我需要花多少錢才可得到它？」對於覺識，一百萬或一百億元算不了什麼，那些只是紙張。基本上這覺識是全知的因。所提到的覺識是這個自然平常的覺識，是無修飾、無做作。它是無始、無生、無住、無終止。在沒有認知它的本性時，我們就進入相對的執著，執著於我，執著於他人，執著於我相，執著於現象之相。如此，我們把原本不存在的執著爲存在。結果是，我們不斷的在輪迴中漂泊。

它非奠基於任何形狀或顏色的性質中，故不落於永恆之極端。雖然它是不存在的，但它是穩定、明晰、自然的光明，而且不是任何人所創造的，故不落於虛無之極端。它不是從某一時間所源起，也不是因某種原因和情況產生，故不落於誕生創始之極端。此心不在某一時間死亡或停止，故不落於終止之極端。雖然它非存在，但它的無礙創造力以各種方式顯現，故它不落於單一之極端。雖然它以各種方式顯現，它不需任何與生俱來之自性來解脫，故它不落於多元之極端。如是，它被稱為「不落極端之見地」。

據說它是「不落偏見與偏袒」。只此即稱為「佛之心」。有情衆生之心、能成佛之心、那在漂流三界輪迴之心，以及能體會苦樂之心，皆是此心。如果此心不存在，就不會有任何人在經歷輪迴涅槃或苦樂，如此就意謂著如昏迷不醒無生氣的虛無極端。

覺識「不落偏見」意指在空間中沒有任何擴張或範圍。覺識不落「偏袒」意指超越空間和時間。也就是說，它不是位於過去、現在、未來和東西南北等等方向中。

假如你了悟心的本性，這就是佛的心；假如你不了知它的本性，這就是衆生的心。這只是角度的問題。例如，一個人隨著被觀察的角度不同可以顯出很多面。

此心非任何人創造，而是自生、原本與自發的，故稱為「原本智慧」。如此的覺識非源起於根本上師之甚深教誨，也非源起於銳利的智力。原本和原始以來，這心的自然特質就已如此存在。但先前它被俱生無明蒙蔽，故你不認得或未了悟它。你並不滿足而且也不相信，所以直到現在你還停留在迷惑中。但現在就賜它給財富的主人。了知你的本性，了知你的缺點。這就叫作「認明此心」。

「俱生無明」是我們大家都有的，就是它阻擋我們找到正在尋找的滿足。它阻礙我們的信心，使我們停留在不確定和迷惑中。「財富的主人」指的就是你自己、你自己的佛性、你如同如意寶的覺識。你就是這財富的主人，是你自己覺識的如意寶。當主文提到「了知你的本性，了知你的缺點」時，這是建議我們不要像貓一樣的大小便後就蓋起來。認清你的缺點，完全看清它們。

如果此心是虛無的空或原本不存在的話，是誰創造了這個在三界輪迴漂流的人？是誰在體驗痛苦？一旦一個人成佛，從何處生起根本智之智慧、大悲心、弘法度衆的行動？這些都只是此明晰、覺識、空性不可分的堅固不變覺識所創造與經歷的。此句「根本智的無瑕唯一慧眼」[28]就是指這個。「一瞬間所有現象都被大智慧穿透掌握」和「種種有形相的現象從此心生起」這兩句指的只是這個。「它是能明辨、自我認知的根本智慧所經歷之對象」，尚有其他權威的詮釋。

單只是了解到此一點，就徹底明白整個輪迴和涅槃的所有現象。例如，只要你知道一滴水是濕的，你就知道所有的水是濕的。同樣的，在了知覺識的本性後，你就認知整個輪迴和涅槃的本性。

認清你目前的狀況，你已有圓滿閒暇人身，你已碰到最精要的教學，只要你肯去修，就可以在這一生達到完美的證悟。而且無數偉大的聖者曾經來過這裡，你也有緣與他們見面。以此警醒自己：「現在該是達到堅定信念和實修的時候了。」假如你發現自己還在浪費時間而沒有修行，就必須警告自己：「好了！夠了！夠了。現在一切修行的準備都做好了，你是不是就掉頭轉身去虛度光陰？」

在拿這些教法的學生裡，可能有些人並沒有太多佛法的背景，對他們來說這些教學可能有點奇怪或陌生。你可能心想：「這個教學的前後是如何連貫的？」如果你缺乏修行的理論和基礎，最好能補足。最重要的是了解輪迴這詞的意思。簡短地說，我們目前是人類，但我們也可能轉世爲動物。我們不喜歡聽到或想到這個，但是如果我們累積畜生道的因，不管我們喜不喜歡這都會發生。我們也可能投胎入地獄道，我們更不喜歡這個。或者是轉世爲餓鬼，我們也不太喜歡這個。不管我們喜歡什麼，如果我們從事不善業，我們就有可能掉入三惡道。假如我們避免不善業，我們就可迴避不善業的果報，也就是這類不幸的轉世。

即使在人道中，生活的品質都有很多的差別。在人道裡能有圓滿閒暇人身是很值得的。但是投胎爲阿修羅是不值得的，他們有大力但這是沒有用的，也不會帶來眞正的滿足。同樣的，天神雖然有很多的喜樂，但在面對死亡時他們經歷很大的痛苦，因爲他們看到自己將回到比較低的道上。有六種有情生存之道，重要的是認清導致不斷輪迴六道的原因與條件。這個題材的教學可在西藏佛教所有的傳承裡找到，不管是花教、黃教、白教或紅教，都有非常詳盡的教學，會談到什麼是永久的，什麼是無常的。這帶出一個問題：「是否能從輪迴中解脫？」答案是：「可以。」藉著佛的慈悲和他所給予的教學，解脫是可能的。

根據佛法的某些修法是可以在兩、三劫之內得到解脫。根據佛法的其他教學是可在五、六年內就得到解脫。在佛法傳承中有很多不同的教導，這些是根據個人不同的根器而傳出。銳利根器者能修比較深和大力的教學與修法，鈍根行者則修比較慢的教學。這些教學的基本架構是四聖諦，基礎是轉心四念。皈依是很重要的一面。如果一個人連皈依的性質是什麼都不知道，就很難徹底明白目前這些教學與修這些法的意義。

我要談論關於上師和其他行者的祈禱。假如一個人或一個社區的人的業力就是要經歷逆境的話，爲他們念經有無任何利益？是否要看是誰在禱告？也就是說，是否要一個人有非常大的靈修力量或純淨才會有幫助？我無法判斷一個人的禱告是否比另一個人更強大。我倒是知道佛法僧三寶是有力量去插手幫助在困境中的人，替他們解除障礙等等。基於三寶的力量，為利益別人而祈禱是一定會有幫助。所有人的禱告都是一樣的，並不是只有上師才有用，所以能為他人祈禱是值得做的事。特別是，你可能想知道為正在受天災的人祈禱有無益處。我的回答是當然有，不管你是為受苦的人、陌生人、愛人、親人或其他人祈禱都會有利益的。為他人的利益而禱告，可幫助減輕他們的苦痛。這些禱告的力量源自三寶，但你的祈禱是促成這利益的影響力。如此的祈禱可以消除暫時與更深的靈修障礙。記住當你為別人的利益念經時，這不但幫助對方，也必定會利益祈禱的人。以此，我鼓勵你們不必疑惑，確定祈禱有用而且是善行。

前一段是蓮花生大士自己在敍述覺識的本性。下一段他是以最有權威的經典，偉大的密經與大圓滿的論集等來支持他的敍述。這個的目的是給予讀者信心、確定。也就是說，他在顯示這不是他自己想出來的，而是來自佛最深的洞悉。這就有點像一位政治家有雄厚財力做為後盾，使他贏得選舉，甚至成為總統。

《藉觀察得解脫三要字密經》敘述：「神秘之主，聽著！你能自覺的覺識（your own conscious awareness，藏文為rang gi shes rig）、無瑕本性，此非莫基於任何物質或顏色性質中的無瑕空性，即是普賢如來佛母。如果你能自覺的覺識本性只是空和樂，它就不會是單調乏味的虛無[29]；相反的，你這不斷明晰、清澈和能自覺的覺識，即是普賢如來佛。你非奠基於任何物質的覺識空性，和你明晰、清澈覺知的覺識是不可分地現前，這即是法身佛。你的覺識是以明空不可分的偉大光明總匯現前，是無生無死，所以是不動光佛。它可被認出。」

這「神秘之主」指的是金剛手。以上這些關於覺識之本性的詞句，只有對在前面尋找「心」的修法上已有一些洞悉的學生才有用。因此，如果你已尋出你自心之本性，而且已得到一些洞悉的話，你已爲這些教學做好準備。假如你不曾尋找「心」，這些教法對你沒有什麼利益。

在談到覺識的本性爲「無瑕空性」，以及提到它是「不斷明晰、清澈」時，蓮花生大士是在避免兩種極端：虛無主義的極端和永恆主義的極端。有一些西方人和西藏行者，修行到這裡時，會把眼睛瞪得大大的，好像他們會看到什麼似的。他們在猜想：「我在哪兒可看到它？」好像想抓到一些東西或什麼的。他們不會成功的。要你凝視身前的空間，並不是因爲有什麼東西可在那兒看到。這個注視只不過是技巧之一，最後可得到內外虛空不可分的洞悉。這內外空間的合一，也常被稱爲「稚子遇到母親」(子光遇母光)。

又說：「哦，神秘之主，給我你無分的注意力！你明晰自覺的覺識即是佛，故你不要去別處尋找佛。你自己清楚、閃爍的覺識是恆常明晰的，故對法身佛來說無禪定可去成就。你自己的覺識是法身，無生無死，故對行為而言無善惡之分。」

以上的敍述是強調前面所提到的，你的覺識不是因爲你很聰明或有一位好上師才得到的。事實上，這只是你自己覺識的本性。當你讀到「故對法身佛（你自己的覺識）來說無禪定可去成就」時，你可能會想：「好極了，我不需要修行了。我都沒問題了。」只要你是已達這階段的修行，那就沒問題。如果沒有到這程度的話，就不要以爲你可丟棄修行去打電話、傳眞或打電腦等。

又說：「我主！你這不斷清亮明晰當下的覺識即是佛。由於它是與你這不斷明晰覺識不可分，故對法身來說無任何事物可禪定。你可認知你的明晰清亮覺識即是佛。」

我們如何確認覺識爲佛？有一些人會想佛就像在畫裡看到的一樣。在畫裡看到的佛是化身，也就是「色身佛」，是有形狀、顏色等等。相反的，法身或你自己覺識的本性是沒有形相的。假如有的話，那是什麼樣的形狀？當你在探索你自己覺識的本性時，你能否找到它的形狀？有的話，是什麼顏色？如果有的話，那很好。但是如果沒有的話，那就不是這兒所提到的這種確認自己的覺識爲佛。記得比喻法、報、化三身爲太陽的三面。太陽爲法身，它是展示的源頭；從太陽發射出去的光線可以比喻爲報身；光線驅除黑暗的功能可比喻爲化身。

如此說來，照亮與光線並非與太陽不同，而是和太陽一體的。從一個很自然的化出另一個。同樣的，你自己的覺識是法身，是佛，自然自發的爲了救度衆生而幻化出無數的形相。從絕對的角度來說，佛是無形的；從相對的角度來說，佛是有形相的，這包括報身和化身。化身佛是有三十二吉祥相與八十隨形好，他們有如所有智（如來本體的智慧）和盡所有智（所有現象的智慧）。藏文的佛念成「桑給」（sang ye），有兩個音節。第一個音節「桑」（sang），意爲清醒或完全淨化，佛是清醒的，因爲心毒：貪、瞋、癡都完全淨化了。第二音節「給」（ye），意爲擴大或達到最高，意謂佛已把證悟的殊勝品質擴大至最高境。

至於實際能懂這些法的深度和意義的學生，是對生起與完成兩種次第已有眞正了解的學生，也就是說他們已有相當高的靈修成熟度與洞悉。在談到佛和你自己的覺識時，你可能會震驚。如果你是的話，就該知道將會有很多的餘震。例如，在夢境中有過程裡，它會告訴你說你根本不存在，它還會探討夢境其他方面的眞相。所以準備好！

《原本智慧燈密經》敘述：「神秘之主，請聽！完美的佛住在你心際深處。不斷明晰覺識之法身與自發原本智慧之行為同住。神秘之主，在你心際深處之法身，非奠基於任何相㉚，故以空性現前。它以不斷明晰覺識常住。它是無蒙蔽、無阻礙地現前。因其為自發，它以顯相無偏之基礎不斷地現前。神秘之主，法身空的現前非奠基於任何相，此即是你能自覺的覺識無瑕本性。它非奠基於任何物質和顏色的性質中，故是無瑕空的現前。」

又說：「神秘之主，以不斷明晰覺識居住在你心際深處的法身，其本性即是你不斷明晰清亮的覺識。神秘之主啊，你自己的覺識，無生無死（不生不滅）是在三時平等中明晰。佛身無前後，故原本智慧是無礙的明晰。原本智慧之自然光輝無內外，故客體和意識是無二地明晰。原本智之智慧無偏頗㉛，故在原本智慧之眼裡，諸現象之意義是無比的明晰。」

「神秘之主，法身的顯示是依賴你的身體。它在你心際深處。它的明晰即是從你雙眼裡發出的明晰。佛即住在你的心際中，雖然受血肉之包圍，但它不被包蓋。如此，不受身體之蒙蔽，它是明晰、無礙地在三時內現前。那即是你覺識不生不滅之特質。」

「從你雙眼裡發出的明晰」這句是指從心際連接到雙眼的脈。這個「明晰」是一種光明，而且因爲它是超越三時：過去、現在和未來，因此它的特質是「不生不滅」（無生無死）的。

你的覺識之所在地是你的心際，所以從某個角度來說，你是懷了你自己的法身。假如你在心際周圍找你的心，你不會找到它，因爲覺識非奠基於形相，它不是以物體而存在。說覺識之所在地是在心際，只是隱喩之詞。雖然它是在心際中，但這同一個覺識或法身，照亮整個輪迴與涅槃，照亮夢境。既然說覺識是在心際是隱喩之詞，你就不用擔心萬一你動了心臟移植手術就會失去你的覺識。覺識的所在地並不是眞正的在心臟裡或在腦裡，如現代一般西方人所認爲的。

「它無礙地現前，不受身體五大[32]之蒙蔽。這是佛身無界限之特質。以行為而言，它無礙地現前，不受善惡習性所蒙蔽。原本智慧光輝無內外，這即是客體和原本智慧無二之特質。不受黑暗之過失所蒙蔽，它是無礙地現前。」

又說：「神秘之主，自發以你覺識之光明總匯在你心際深處現前。它是一切事物顯相的不斷基礎：因為你的覺識是從你眼中出，形相顯現故可不斷被看見。因為覺識是從你鼻中出，氣味不斷被嗅覺。能嗅覺之覺識即是法身。由於覺識之流出，男女密處相接觸，喜樂不斷地生起。體會喜樂之覺識亦是法身。認知它的本性！」

《集合大圓滿最後意義等天密經》一百一十九章中敘述：「法身無極端，非不存在，而能明記、覺知。它非虛無而是覺照和明晰的。它非永恆但是無實質。它非二元相對但是也非成對。它不是一，而遍布一切。」

法身「非成對」，意思是它無伴。覺識之本性（法身）是可辨認的。是法身在經歷所有一切的經驗：視覺、聽覺、味覺、觸覺、性欲的喜樂等等。但是不要把它看成是像猴子般從一個觀看的櫥窗跳到另一個櫥窗的覺識。它們是不一樣的。你可以把覺識說成是過去的覺識、現在的覺識、將來的覺識、你白天和你晚間的覺識。然而法身不是像這些在某時生起但在其他時候不在的覺識，但這些可被解釋爲法身的特質。法身之本性是整個輪迴涅槃之本性。如果法身是與你的眼視覺識、你的快樂經驗等等是一樣的話，這就表示法身是有形的，但它並非如此。它不是實質的存在，它沒有形相。相反的，法身是原本智慧之總持。請不要把一般眞理與絕對眞理混爲一談，因爲它們是不一樣的。一般眞理的教學是可帶領我們到絕對眞理，並不是從絕對眞理去學習一般眞理。我們現在的經驗是在一般的境內，我們從這個進展至絕對境。如果你把它們視爲等同的話，你對它們兩個都沒有了解。

《自生、無始、自然的明晰》中敘述：「如你知曉這不斷、不變原本現前覺識之真相，此即金剛薩埵之意旨。」

又說：「因心性無生死，它是無始無終的現前。如此，因為它於三時未曾變，它是無實質且遍布，故像虛空（空間）。不落增添和否認之極端[33]，不落存在，無概念，非不存在，不落斷滅論。不落存在與非存在之極端，它是自生的。因覺識之本性不生不滅，故是自然明晰之總持。無瑕明亮無內外，故是自知之法身。」

長篇討論繼續。《大成就主》中敘述：「偉大之士，聽著！我之自性是如此：我之存在不多於一，我之展示以兩面顯示，我之源起以九乘生起，我之綜合為大圓滿，我之現存即是菩提心，我之住處即是真理之絕對本質（法界），我之明晰即是覺識虛空之明晰，我之周遍即是遍布整個有情無情之宇宙，我之源起是以整個現象界生起。至於我之展示，我無顯現之實體。至於我之視野，我不受困於可專注之對象。至於我的意識，沒有言語能形容。這個本質非從因緣而生，不落一切言詮。」

「九乘」是佛法中從聲聞乘到最高的大圓滿。可分成八、九或十乘，但基本上是同樣的佛教修法。這些教學全面的展現是九乘，但它們可以「綜合」爲大圓滿。記得「覺識之虛空」這詞只是「虛空」（空間）這字隱喻之詞。「整個有情無情之宇宙」包括整個輪迴和涅槃。「可專注之對象」是你可看到的事物，可客觀化的對象。「意識」無法解釋，因它超越一切文字的形容。

「如果你希望去確切的了解那真相，就如檢視虛空般的檢視它。那真相即是無生之法性本身。在檢視時，心性是不滅的，並且，如虛空般的法性是以虛空的比喻來描繪。法性無一對象，故以『無所緣』的描述來顯示。它無法言詮，但用不可表達的話來說，它是在『無所緣』真相之本性中顯出。如果此確切法義不被了知，無論任何真相詞句被顯示，你將不會遇到我；離我遠去，『我』受蒙蔽，無法證得法之本性。」

又說：「菩提心是所有現象無例外之本質。是無生和原本純淨。它不受蒙蔽，無一道路可循；它是無缺點，原本自發，無需任何努力。」

長篇討論繼續。《金剛整列摘要智慧經》中敘述：「法性意義不外是自生、明晰的原本智慧。不需外求此珍貴如意寶珠，你自身擁有它。」

《大成就主》敘述：「自生原本智慧是自生，非藉因緣條件而生。它是不斷明晰的原本智慧。」

又說：「那本質無因緣和條件，統御一切，造作一切。」

又說：「一切現象皆是我，若我之本性被認知，一切現象將被洞悉㉞。」

又說：「我是一切成就揭示者，菩提心。菩提心即是大成就主。三世諸佛皆從此菩提心而出。三界一切衆生皆從此菩提心而出。一切有情無情之現象世界亦從此菩提心而出。」

所有這類在經部和密部裡的討論指的就是此明晰、空、穩定當下之心。不了知你這個本性，這迷惑的基礎就叫「無明」。它被稱為「無明，三界衆生迷惑之基礎」。認知你自己的本性即稱為「普賢如來佛解脫之基礎」。當它以道德中立的明晰和空性現前時被名為「基礎」。

所有的衆生都有佛性，因爲我們是衆生，所以我們有這兒所提到這一類的心。

輪迴、涅槃及一切苦樂不外只是此當下覺知的覺識。經由根本上師的介紹，學生們知道他們自己的本性，相信它，確認它，基礎即在原地被解脫。故此生命中有過程的教法名叫「基礎之自然解脫」。故以此方法了知。到此為止是第一章成就禪靜和覺識之原本智慧之洞察的介紹。三昧耶。

封印。封印。封印。

◆第2章

迷惑之自然解脫：夢境中有過程經驗教導

這裡談到迷惑之自然解脫，是指白天與晚上睡夢中的迷惑。

在第二個大主題內，是夢境中有過程（實用教法，好比高持一盞燈於暗室中，這與潛伏的習性相關，並引導轉化淨光入道）。分三部分：一、幻身和顯相自然解脫的日間教導，二、夢境和迷惑自然解脫的夜間教導，三、淨光和虛妄自然解脫的總結教導。

幻身教導

非純淨幻身

在孤獨場所安坐在舒適的墊子上，生起菩提心，心想：「願一切等天眾生皆成佛！

為此目的，我將藉幻身教導修習顯相之自然解脫。」然後獻上祈願：「賜福於我能修習幻身法。賜福於我願證悟如幻三摩地。」

你自己的身體就是非純淨幻身，你可以修這些教學去看它是否虛幻。去無人之地的理由是讓你不會被人打擾。但是什麼在打擾你？是你在打擾你自己，所以如果你不去打擾自己的話，你就已經準備好了。也就是說，重點不是環境，而是你對環境如何反應。我們的心被五官所追隨的對象糾纏打擾。如果我們能控制這個，我們就已經成就自己的獨處。假如問題在於五官之對象，那它們也應該可以去騷擾屍體。所以去一個不會被打擾之處，意思是說，不要打擾你自己。

第一點是培養適當的發心。單只是坐下而以完全世俗的發心去修行是不夠的。在善、不善或道德中立(非善、非不善)的發心中，應該要生起善的發心，特別是大乘的發心，也就是爲了所有衆生而發菩提心。當你想到等天衆生時，要記得每一個衆生都希望得到快樂，但並不曉得如何種下快樂之因；每一個衆生都希望避免痛苦，但不曉得如何避開痛苦之因。「顯相之自然解脫」是指所有向五官顯現的事物。當你獻祈文時，可獻禱文給根本上師或佛、法、僧。

就像這樣：一切現象非實存，但看起來好像是實存的，且被設成為不同之事物，如白與紅。無常執著為永恆，非實存執著為實存。即使聽說衆生受困之因如幻相，由於執著欺妄顯相為實存，現象顯現宛如實存。這一切源自非實有，本是非存今顯現，最終皆變化為無。思考這一切非永恆、固定或不變，皆無自性而如幻影。

現象被說成善或不善、好或壞等等。雖然它們是幻相且非實存，但是我們執著爲眞正或實存的。世界源起於一些眞正或實存的東西嗎？不是的，是從非實有而起的。眞相的本性是幻化的，這不是人爲增添在現象上的。雖然顯相看起來好像實存，但事實上它們並不眞的存在。它們就好像你在電視上看到的影像：雖然你看到各式各樣的事物在電視螢幕上出現，但在電視機裡並沒有任何東西是你在螢幕上看到的。

然後懸一明鏡於面前一肘高處。沐浴自身，以飾物裝飾自己而視境中影像。讚美這影像等等，且看心中是否歡喜或不快。如有則想：「每次讚美此身而生起歡喜心，但此身體就像鏡中影，你受此迷惑。此身只是因緣和合聚集之顯相，但其實從未存在過。為何你執著此身為自己且生起悅樂？」長時間思惟於此鏡中反映之身。

一肘高是從手肘到手指尖，重點是有個東西來掛鏡子。你的家裡大概到處都有鏡子，所以不用擔心需要一根柱子。但假如你牆壁上沒有鏡子，就照法本的建議去掛一面。不管你是男人或女人，在洗澡後穿戴華麗的衣服，或以珠寶裝扮等等，然後看鏡中映像。盡量打扮精美。假如你是一個小孩，你可能會把自己弄得很難看而覺得很好玩。當你檢查你的心時，記得沒有什麼是值得快樂或不快樂的，因爲這個映像並沒有實體。在你稱讚自己時感到快樂的話，你要了知這個回應的迷惑本性。就如鏡中映像是因緣聚集而出現，我們的身體也是如此。鏡中之映像是倚賴什麼因緣呢？是依賴一面鏡子，你把身體置放在鏡子前，然後往鏡子看，就會有一個映像。同樣的，這個身體也是靠因緣而生起。基於這個身體，我們就執著於一個「我」。雖然我們執著於一個「我」，但實際上是無「我」。

單只是因爲好奇心而試一兩次後就忘了，這樣是不夠的。你需要思惟這鏡中映像很長的時間才有效。這與執著於我們自己、我們的身體等等有很大的關係。例如，我們自小孩時期以來，就習慣於父母稱讚我們與自己稱讚自己。結果是我們很自然渴望別人的讚美、接受、認同，並且害怕別人不尊敬、藐視或排斥我們。對於別人的接受與排斥，我們在希望與害怕之間游移不定，想盡方法去得到別人的尊敬。我們穿戴漂亮，我們盡量把最好的顯示出來。如此我們就完全陷在世間八法中。當我們希望得到某樣事物時就攀緣，當我們害怕得不到它時就懼怕，或者是我們害怕失去某樣東西，並且希望一直抓住不放。這一切的希望與懼怕、欲望與厭惡，是因爲我們把一切的無常執著爲永恆。因爲這迷惑，我們對輪迴有很大的期望。假如人類眞是如我們所認爲的永恆，就沒有人會死，那這世界也不夠大到去容納這些永生的人。貪戀、忿怒、希望與恐懼的對象，全是從這妄念而生起，它在白天和晚間夢境中都在作用。

再來辱罵此身並指出種種缺陷，且看不快是否生起。如有，則想：「所有讚美、辱罵皆如潛伏傾向，既然此身無實體，樂與不樂之態度皆是迷惑。」清楚思惟鏡中映像做為心之對象。輪流讚美、辱罵自己，而後平等視之。這是一節課。

再來是訓練語音像是回聲。單獨去一個能有回聲的地方，大聲叫好和不好的話。當回音傳來時，對此無所執。同樣的，把你自己所說的話視作回聲一樣，修練無所執著。

至於修練心如海市蜃樓，看著或想像海市蜃樓。就像搜尋而無法找到它，運作心之諸念頭也如海市蜃樓般無自性。這是第二課。

然後想像鏡中映像融入自身，思惟你的身體雖顯現但無自性。有時如此想：「世尊，大聖說一切現象如十種比喻：所有組合的現象皆如幻影、如夢、如海市蜃樓、如映像、如尋香城、如回音、如水中月、如泡沫、如視覺之幻相、如幽靈，皆不實存。」有時，你如有伴，讓他們對你說話；如無伴，心中想像讚美自己和敬佩自己。如歡喜念頭生起，在無實存中視它們為同一本性。再想像受辱罵、被搶、被打。如果心中有不快生起，在不實存中視它們為同一本性。如此思惟，如同讚美、辱罵鏡中映像。平日當你受到讚美和辱罵時，就如鏡中映像般視它們為同一本性。如果貪戀和忿恨生起，則長時間以如前思惟方法修練。如此假若當所有世間八法在心中生起時，皆能以幻影比喻對待，你就精通此非純淨幻身修法。這是第三課。

以上的訓練類似生起次第，你先觀想本尊在面前虛空出現，然後觀想他融入己身與自身無二。這時，你自身自然以本尊相生起。這些針對鏡中映像的教導，也針對我們日常生活一切的經驗。

純淨幻身、夢瑜伽修行的不同階段（包括了知夢境，和以此爲基礎從事幻化、轉變的修法）的目標是爲了什麼？難道這些只是爲了滿足世間八法？當然不是。這些訓練是爲了讓我們認清痛苦持續的原因是什麼。所以這些教學的重點，與四聖諦、轉心四念是一樣的。

非純淨幻身不只是指你自己的身體而已，相反的，這一類的訓練與整個環境有關，包括所有其內的東西、城市、房子等等。不只是無生命的環境，還有所有衆生。爲什麼我們需要這些教學？因爲我們傾向執著於「我」相與「其他現象」之相。我們就是這樣把不實存的執著爲實存。其次，有兩種執著：我執與法執。就是爲了解消這種習性，佛陀傳授了十種比喻，一切現象被比喻爲幻影、回音、海市蜃樓、映像等等。

假如我們能對現象的非實存有眞正的了悟，這是非常好的，至少我們應對現象的非實存有一些了解。觀想你的身體與現象爲虛幻，是一個可行的方法。雖然現象如鏡中映像一樣無實質，但我們執著爲實有。基於此，貪戀與忿恨就生起。這是我們對所經驗的世間現象主要的反應，而貪戀與忿恨這兩種反應帶動起一連串的五毒。當我們受制於五毒時，就導致我們不停地輪迴六道。

這些比喻的重點與意義是什麼？這是讓我們可以慢下來，讓我們了解自己的生存和活動的本性就如幻影或如回音。總而言之，輪迴之因是基於不善業。首先是認出我們所犯的不善業，了解它們有害的結果。爲了要解消這些因，重要的是懺悔我們的過錯，並以四種補救的力量[35]去淨化它們。如此可帶領我們漸漸脫離輪迴。

集中心力於現象虛幻之本性，把它們視爲如夢，這類似生起次第裡當你觀想自己爲本尊，不管是金剛薩埵、觀世音、蓮花生大士、釋迦牟尼佛或任何佛的形相。在如此修法時，你觀想自己住在原本智慧淨土內，在這淨土內你觀想一個其中住著男女本尊衆的宮殿，他們全都本性純淨，存在如幻。在這修行內，你把自己與他人視爲完全純淨與無實存的，你也視一切有生命和無生命的現象皆是顯現但非實存。這是生起次第修行的一般性質。如此修法的目的是什麼？如此的訓練，爲自己與他人的利益播下了成就圓滿智慧的種子。

純淨幻身

生起菩提心如前。置身以盤坐姿勢。根本上師應坐於寶座，以金剛薩埵服飾莊嚴己身。學生應手持一水晶球至眼前看金剛薩埵之身。如此做，以五種虹光組成的金剛薩埵身，將出現在兩個、三個或更多的地方。以此顯現卻無自性的榮耀身為禪定對象。這是第四課。

在此修法內，可能的話，你的根本上師以金剛薩埵服飾裝扮盤腿而坐。如不可能的話，可放置金剛薩埵的畫像或鑄像等來代替。如果你這些都沒有，可以只用觀想。把一個水晶擺在眼前去看金剛薩埵之身，你會看到金剛薩埵同時在不同的地方出現，這當然只是水晶折射的關係。假如無數的佛可在一粒原子裡出現的話，這並不表示所有的佛從不同方向到來而盡量擠到這粒原子內，而是因爲一粒原子的本性與整個輪迴涅槃的本性是同樣的。基於此，所以說一切佛能在一粒原子內出現。我們自己覺識的本性呢？它是否與一切其他事物的本性一樣，或者是不一樣的？如果你認爲自己的覺識本性是一些別的東西，那麼所有針對意識的生、住、異、滅，以及它與三時的關係之禪修，都是誤導了。

接著讓此聖身，一個顯現卻無自性的身體，清晰生起為心中對象；觀想它融入己身，清晰觀想你的身體也像那樣。當你禪觀且訓練自己看整個生命和無生命世界皆如此，你已嫻熟純淨身之修法。在死亡中有過程時，當靜忿聖尊顯現時，你確定會得解脫。因此，生命中有過程主要的修行就是這樣，而且夢境中有過程和法性中有過程的前行也是倚賴此修行，所以努力勤修此法最為重要。再者，非純淨幻身修法對受生中有過程的前行法很重要，所以此兩種幻身是中有過程的主要修法。這即是藉幻身教導去達到顯相的自然解脫。三昧耶。

在訓練自己視整個有生命和無生命世界爲無自性時，你並不是把這個加諸於這個世界上。反之，這個修法就像一個觸媒，讓我們對眞相的本性得到洞察。開始時是一個觀想的過程，但這可帶領我們直接看到本性。

如果你在純淨身的修法上有所領悟，在死後中有過程中一定得到解脫。最好是當平靜尊顯現時得解脫。假如不能的話，就會在忿怒尊生起時得解脫。但無論如何，假如你熟悉這修行的話，無疑在死後中有過程內一定得解脫。所以，這純淨身修法可被視爲其他中有過程的前行法。

純淨幻身的簡潔教法到此結束。假如你覺得自己還不太了解這些教學，我建議你讀其他更詳盡的相關教學。夢境中有過程的基礎是前面所傳的非純淨身與純淨身的修法。理由是在夢境中，不同的潛伏習性以夢中事物生起與顯現。當我們在作夢時，我們對這些一點控制力也沒有。所以當我們在白天訓練幻化身的修行時，我們是在建立控制心的基礎，使我們在睡夢過程中擁有控制力。假如我們這兩種控制力（白天與睡夢時）都沒有的話，那在死亡中有過程時是絕對不會有任何的控制。

有一些人對我說，他們學習這個修法是因爲希望能把這法傳授給別人。聽法和修法只爲了要成爲老師，那是歧途。正當修法的發心，是爲了幫助自己與他人脫離痛苦與輪迴。如果你如此修行，將來當你有眞正的經驗在自心流中生起時，你就可以成爲一位眞正的上師。所以應培養以上的發心，而不是想成爲上師。

夜間夢境教導與迷惑之自然解脫

這裡有三部分：一、了知夢境，二、幻化和轉變，三、遣除修夢之障礙。

了知夢境

夢境是受潛伏習性引發，故視一切日間顯相就如夢如幻。獲得敏銳的洞悉就如《圓覺經》所說：「一切如夢如幻。」特別是，修習日間顯相和幻身的教導非常重要。此時，強烈地想像你的周遭環境、城市、家宅、友伴、談話和一切活動皆如夢，甚至大聲說：「這是一個夢。」持續想像這一切只是夢。

然後夜晚上床睡時，生起菩提心，想著：「為了等天眾生解脫故，我將修習如幻三摩地，我將證得圓佛果。為此我將於夢中修習。」然後躺下，以右側臥，頭朝北方，右手掌貼右臉頰上，左手置左股上。清楚觀想己身為本尊身。

你的本尊可以是金剛薩埵、釋迦牟尼，或是你的根本上師，如達賴喇嘛、敦珠法王、大寶法王。這些都是眞正的化身活佛，所以我覺得是完全適當的。群利諾布仁波切（敦珠法王的一個兒子）提到，美國人對化身佛的觀念與傳統佛教不一樣。美國人認爲一個人誕生爲化身佛，在這世時努力服務其他人，死後也不願浪費任何時間就急忙再投胎；然後他投生爲化身活佛，再次不浪費任何時間，又急忙轉到另一世去，總是匆匆忙忙。這是以交通擁擠時間的態度看待化身佛。群利諾布說佛教的見地是：法身佛不費力地化出無量報身佛，報身佛化出無數化身佛，就如光線從太陽射出一樣。這是自發和無限的。這見地與一個小小化身佛喘不過氣地直線式從一世趕到另一世去助人是不同的。有眞正的化身活佛，他們是報身佛自發的化身。釋迦牟尼佛就是一個非常偉大的化身佛。因此，佛就是法身佛或報身佛的化身。

也有很多人是以助人的發心而轉世服務他人，你也可以稱他們為化身。現今在西方國家，當我們聽到有些喇嘛同時化身為兩個或三個不同的人時，我們會想：「這眞是奇異，怎麼會發生的？」這是對化身佛相當狹小的看法。你會不會對兩三條光線同時從太陽射出而感到驚異？就如陽光，化身佛是無數的。

如果不清晰，即生起佛慢並想：「我即是本尊。」觀想在枕頭上的頭倚在上師的腿彎上。清晰集中注意力在喉間的蓮花生大士上，如拇指節一般大，微笑，面容光澤，顯現卻無自性。心中獻供養文：「請賜福願我能知曉夢境。請賜福願我確認夢境所見為夢境。」以右側吉祥睡獅臥，生起強烈渴求願認知夢境所見為夢境。如此做，入睡不被任何其他念頭阻斷。即使你無法在第一次就了知夢境，重複多次修習，以殷切期望積極鍛鍊。

早晨剛醒時，強烈清楚地想：「昨晚我所作的一切夢，當我醒時沒有一絲留下。同樣的，今天白天所有一切顯相，在晚上睡夢時不會顯現。白天的夢和晚上的夢沒有兩樣，所以它們皆是幻相，皆是夢境。」這是一節課。

假如你在修習多次後仍無法了知夢境，就像以前講的修法，觀想自己是莊嚴本尊，再次在喉間清晰鮮明地觀想本尊如拇指節大。導引你的意識，但不強迫它。再以能了知夢境為夢境的期盼中入睡。這是第二課。

如你仍舊很難了知夢境，觀想喉間有四瓣蓮花，「嗡」字（ཨོཾ）在中間，「阿」字（ཨ）在前方，「努」字（ནུ）在右邊，「打」字（ཏ）在後方，「熱」字（ར）在左邊。首先導引注意力在中間「嗡」字。當你感到睏倦時，把覺識集中在前方「阿」字。當正入睡時，注意力放在右邊「努」字。當你熟睡時，集中在後方「打」字。當你更熟睡時，集中在左邊的「熱」字。在睡著時，集中注意在「嗡」字，不受其他念頭干擾，期望夢中以睡時覺識去了知夢境。這是第三課。

如果種子字觀不清楚，你仍無法以此法了知夢境，則清晰、鮮明地集中注意力在喉間光點，在期待作夢中睡著。如此來了知夢境。這是第四課。

變換不同的專注對象來禪觀，以強烈感覺日間顯相皆為夢境來修習。即使是最差的修行者，在一個月內將可知曉夢境。

初時，會有更多的夢，然後它們會變得更清澈，之後被認知。在碰到可怕狀況時，就容易知曉：「這是夢。」較難的是自然地知曉夢境，一旦能如此，這就穩定了。如果以任何方法皆無法知曉夢境，可能是密宗誓戒不清淨，故須修皈依，發菩提心，懺悔，念百字大明咒，做會供，避免受到染污，再以前面的方法修習。如此做，夢境可在兩三個月內被知曉，結果你就能夠經常地知曉夢境。

惡夢就像觸媒一樣幫助你知道自己正在作夢。一個類似的狀況是當中共侵略西藏時，藏人很害怕，很多人祈求：「哦，蓮花生大士，珍貴仁波切，請照顧我！度母，請看顧我！我皈依您。」但是當生活一切都很順時，他們就不會想到蓮花生大士或度母。這在夢中是一樣的。當經歷惡夢時是比較容易了知此爲夢，但是在一個正常的夢中，這是較難的。但如誠懇持續修後你能了知夢境的話，這是更穩定的成就。

以懺悔來彌補罪障，通常伴有念誦的禱文來淨化破毀的誓戒。也可以念誦百字大明咒和獻會供來完成淨化。再者，我們應小心不要再犯不善業。也就是說，假如你還是沒有修成就，可能是因爲密乘誓戒不清淨，故運用以上所說的任何一個或全部的方法去淨化，然後再回到修法上。一旦你已了知夢時，就可訓練此法的下一階段：夢中幻化和轉變。

夢中幻化與轉變訓練

當知曉夢境時，想著：「既然這只是個夢之身，它能以任何方式被轉變。」不論什麼在夢中生起，是妖魔、猴子、人們、狗等等，統統轉化為本尊。練習將它們變多，並轉變成任何你喜歡的事物。這是第五課。

夢中所有的題材和對象都可被轉化。在這一階段的修行，你可以把一百樣事物轉化成一件，或把一件東西轉成一百樣。這修行是密勒日巴尊者在日間清醒時做的，如他把某樣東西幻化成不同的形狀。有一個特別的記載提到，他把自己幻化入一只牛角內，牛角並沒有變大而且他也沒有變小。這是一個徵兆，顯示他非常精通這一類的修行。

> 當知曉夢時，生起強烈願望去東方不動佛淨土（阿閦佛），或是西方蓮花生大士淨土，你能去那裡要求聽法。隨願修習幻化和轉變，譬如降伏妖魔，將之轉變成金翅鳥王或馬頭明王。除此之外，修習將數種物體變成一種，或將一個變成多個。這是第六課。

在夢中了知自己在作夢時，你可以生起到淨土一遊的意願，或者你可以把目前的環境視爲淨土。你在生起次第裡所得到的任何經驗和了解，可運用在這夢瑜伽的修行。在作夢時你可以想像五方佛、金剛薩埵、蓮花生大士或阿彌陀佛出現在阿閦佛淨土或任何淨土中。

> 看穿夢境。了知夢境而後走向大河岸邊，想著：「既然我是夢中幻身，沒有任何東西能被河水沖走。」然後跳入河裡，你將被空樂之流帶走。開始時因你仍有我執的攀緣，你不敢做，但一旦習慣如此做就不怕了。同樣的，如將一切事物看穿，如火、懸崖、吃

人猛獸，所有恐懼將以三摩地生起。要點是要在白日勤修顯相和幻身修行，並強烈期待夢境。在睡著時，必須導引注意力在喉間的觀想，不管是根本上師、本尊、種子字或是明點。尤其是不要被潛伏習性打斷。這是第七課。

在作夢時，你應記得一切所發生的只是一場夢。沒有跳入急流的人，沒有跳的行動，也沒有水被跳進去。以這個了解，你跳入河裡。這個修行並不只是用在跳河，而是可以用在夢裡任何危險的情況中。在夢境裡，你可能遇到猛獸或任何恐怖狀況，包括你可能在地獄道或餓鬼道內等。因此，在任何恐怖的狀況下，了知你只不過是一個精神體而已，同時夢中一切只不過是夢。以此覺知進入看起來非常危險的情境。我強調這是一個夢中的修行。不要認爲你可以從金山大橋跳下，想著：「嗯，沒有眞正在跳的人。」因爲你就會結束了你的性命，並且替自己製造至少五百世的問題。再者，在夢中如果你修對的話，你就會被空樂之流所帶走，但從金山大橋跳下就不會。

遣除修夢之障

有四部分：一、清醒之離散，二、遺忘之離散，三、迷惑之離散，四、失眠之離散。

清醒之離散：一旦初習者認知：「這是夢！」他們就醒了，而這認知就離散了㊱。除此障之方法是維持你的注意力在心際與心際之下，並集中心力在雙足心如豌豆大黑色圓點上，叫作「黑暗字母」。這樣可除此障。

遺忘之離散：這是指一旦認知夢境後，隨即迷惑而讓夢境如常進行。要除此障，在白日修習幻身讓自己習慣於見一切為夢境。然後在快入睡時，虔誠祈願：「願我了知夢境如夢，不會迷惑。」而且培養明記，心想：「同時，在我了知夢境時，願我不會迷惑。」如此可除障。

迷惑之離散：如果你的夢只是不良習性的欺妄顯相，你的覺識變得離散，而你一點也不能了知夢境。在白日時強烈想像一切是夢，同時加強著重幻身[37]修習。修習淨除蒙蔽、圓滿功德、懺悔、會供。強烈修習生命氣能之呼吸氣功。如此繼續做可去除此問題。

失眠之離散：如果由於強烈期望了知夢境而睡眠被離散，以及當你的意識基本上無法入睡而使你變得散亂時，要抵消此，想像你心中有黑色圓點。短暫生起期望知夢之心，但不要過強，釋放你的覺識後，不要專注於睡眠，你將入睡且能了知夢境。

再者，還有「放逸之障」。一開始，由於沮喪和急迫感，在閉關時你做了一點修行等等，你也能夠了知夢境。但後來，由於未斷除你對感官滿足的眷戀，你沈醉在無謂的欲樂中。由於軟弱的性情，你變得完全像普通人一樣，並且由於放逸，你毀了你的修行。對於別人從事佛法修行沒有純正觀念，你用自己的標準去衡量別人，你的心散亂地想：

「我也做過這個，而我現在是這樣。其他人只是那樣而已。」

這一類態度在西藏非常普遍，在西方國家也一樣。有些人在剛開始修行時非常興奮，熱中於修行。他們厭倦輪迴，他們發心想得到證悟，他們閉關一段時間，他們也有一些成就。結果是，有些人開始覺得自己是蠻特別的，認爲自己已是眞正的行者。不管你是藏人或西方人，都很容易掉入這個陷阱。

這些問題是因爲這些人還是非常沈醉在世間八法中。對治法是再回到四聖諦和轉心四念。這個缺點特別可能發生在有一些名氣的行者身上，當他們被視爲資深的禪修者時。特別是老師要很小心，因爲這是一個很容易掉進去的陷阱。

「由於軟弱的性情，你變得完全像普通人一樣」，是說你的靈修在退轉。一些西藏人也許會說：「我曾花了多少年在寺院，之後在某個閉關中心，我有這些、那些經驗，但是我就是這個樣子。」然後他們用自己的標準去評判其他人，想著：「這些人沒有我修的多，所以他們不可能比我的修行高。」這種態度自大又無恥，其對治法是回到前行法。

為了避免此過，思惟圓滿閒暇珍貴人身極難得，思惟死，思惟無常。最重要是要思惟輪迴之過與出離心。讓自己在獨處的靜僻處專一修行，你先前經驗上的認知可以恢復，你會再度了知夢境。

當你第二次誠摯地閉關時，要確定不要再掉入以前的陷阱。這是很容易會發生的，就如密勒日巴生命中的一段插曲。密勒日巴已是一位偉大的證覺者，他向一位和尚借住一晚，和尚答應，讓密勒日巴住在樓下，自己住在樓上。那晚和尚正要睡著時，他想著：「明天我想把牛給宰了。我可用牠的肉、骨、皮、頭等等做不同的東西。」他想到所有的細節，但他忘了牛尾巴。這和尚有些名聲，穿戴如一地位頗高的喇嘛，並且是一位有很多弟子的上師。

和尚早晨起身，梳洗完畢，修完早課後，他看到密勒日巴好像還在睡覺。和尚內心充滿自大，責備密勒日巴說：「嘿，你怎麼還在睡覺？爲什麼不起來修行？」密勒日巴微張眼睛，然後無力的說：「我的問題是昨晚我夢到我要去殺一隻牛，我夢到我要如何利用牛身的不同部位，只是我還沒想到尾巴要用來做什麼，所以我還在睡。」這就是一個人表面看起來是一位行者，而內心還是完全沈醉在世間八法內。

如果對上師不夠虔敬，夢境無法被認知；如果密乘誓戒不清淨，也無法認知夢境；即使有一點熟悉，也無法認知夢；倘若不具備修持要點，也不會認知夢。所以要知道如何彌補這些問題。

據說，如果夢境中有過程訓練好，由於法性中有過程和受生中有過程也如夢境，這些中有過程將被認知。再者，如果能認知夢境七次，則（死後）中有過程將被認知。以上是夢境中有過程教導，名叫「迷惑之自然解脫」。三昧耶。

「能認知夢境七次」意謂能固定地認知夢境。如果你能在餘生裡維持這種能力，那麼你能了知死後的中有過程。但是，假如一人了知夢境七次或甚至經常了知，而後停止修行的話，他並不見得能了知死後的中有過程。

穩固夢境中有與轉化夢境入淨光教導：訓練妄見之自然解脫

花一個月時間在遮蔭處嚴格閉關。吃清淡營養的食物，而且做些按摩等等。在月中十五時，整晚燃燒油燈。修會供給根本上師、本尊和空行母，並以肉食點綴托瑪做供品儀式。讓一個有經驗的人陪伴。

這兒所提到的營養食物是相當豐盛的，但不要吃太多。這一階段的修行是給在這訓練裡已修得相當高的人，他們已成就禪靜，同時精通了知夢境爲夢。

至於主要修法，開始時生起菩提心，想著：「願一切等天眾生證佛果。為此我將禪修淨光，妄見自然解脫法。」祈願：「為了等天眾生，請加持我使妄見以淨光生起。請加持我能認知淨光。」以右側吉祥睡獅姿勢，頭朝北入睡。稍持瓶氣，略彎頸，目光穩固地向上投視。集中注意力清晰、鮮明地在心中白色光點上。以清晰、鮮明如光覺識入睡，在睡夢中淨光將如明晰虛空之本質顯現，清晰、空、不落理智思惟。

假如你已成就禪靜與洞察，你就能以此修法了知淨光。但是，如果你沒有「止」「觀」經驗的基礎，就不可能成就此。

上根器者即是能立即赤裸地認知覺識。在明晰深睡中能當下了悟，即稱「淨光」。在死時最初中有過程顯現之淨光，出現在小自蚜蟲乃至一切眾生上。在那時淨光會被認知如稚子爬到母親腿彎上，無疑在一瞬間法身之禪思將顯現。因此，單這一點即是六種中有過程之最關鍵。要確認它，最重要的是你能認知生命中有過程之覺識，因為此了悟是夢境中有過程淨光認知的要點。

「上根器者」是當上師把覺識指出時能立刻了悟本性的人。如此的人已在很多世漸修這教法，所以目前他已有靈修的成熟度。你的根本上師就像觸媒開啓此了悟，就像拉開窗簾時陽光立刻流瀉進來一樣。

淨光並不是只有在佛教徒的死亡過程中生起，而是在每一個衆生的死亡過程中都會生起。雖然所有的衆生在死亡時都會瞥見淨光，但他們不一定會認出它。睡夢淨光是在睡著時生起。它是在白天顯相消失後和夢顯相還沒生起前的間隔顯現。同樣的，在你快要睡醒時，當夢境消失後和白天顯相生起前，這淨光會再次短暫顯示。

有三個類似的機會。第一，過去喇嘛時常提到，在一個思想中止後和下一個思想還沒生起前，是淨光顯現的間隔，但不一定被認出。第二，在白天顯相中止後和夢境顯相還沒有出現前，淨光顯現可以被認知。第三，在此生的顯相消失後和法性中有過程光景顯相生起前，淨光顯現。這三種都是認知淨光的機會，如能在其中任何一個狀況內認知它，這就如幼兒爬到母親的腿彎上一樣。

重要的是認淸基礎和依賴這基礎的差別。這基礎是生命中有過程內的訓練，也就是當上師把覺識之本性指出給學生的白天修法。你修它，你培養對它的認知，你熟習與了悟它。以此做基礎，你就能進入夢境中有過程的訓練，那就是淨光之了悟。因此，重要的是先有生命中有過程的訓練，而後可修更高的夢境中有過程訓練。

已赤裸地認出覺識的行者，為了要在法性中有過程內了悟淨光，應置身如前，降伏你的覺識，在鮮明空明中集中覺識在心際而入睡。當你的睡眠不安穩時，不要失去空明不可分的感覺。當你熟睡時，如果深睡中之鮮明空明不可分之光被認知，淨光即被了悟。行者能保持在整個睡眠中不失去禪修經驗，不生起夢境和潛伏習性，則此人是住在睡眠淨光之本性中。這是第一課。

這一類的修行也是針對殊勝根器的行者。在這個修法內，不大會有禪修者（在導引覺識的人）、覺識的對象、與被導引的覺識之經驗分別。媒介、行動或行動對象的畫分，很可能已經完全消失了。

假如你對法、報、化三身有些了解，這會幫助你，因爲這會給你一些理論基礎去了解如何修三種遷識（破瓦）。如果你能在第一個機會生起時得到解脫，這是法身。如果你是在法身光明中覺悟，這是報身解脫。假如你在遍布慈悲展現時覺悟，這是化身解脫。

第四身是體性身，是法、報、化三身的不可分割。體性身也是原本純淨，超越過去、現在與未來。

能在無夢睡眠中保持禪定的人，有可能住在睡眠淨光本性的了悟中。一般人晚上睡覺時有很多的夢是從潛伏習性或心理印痕所產生的。這些是三毒所引發的，而三毒是源自不了悟兩種無我：人無我與法無我。

當我們有一些不好的夢，在我們醒來後，我們很容易感到不悅。理由是我們執著於夢中的內容，這樣它的影響力會持續一整天。同樣的，我們從好夢清醒後會感到快樂，是因為我們執著於夢中情境，我們可能一整天都情緒很好。不管夢是好或壞，它都是沒有本質或實體。

在整個夢的過程中，甚至主體，也就是在經歷夢的我們，也是非實存的。假如作夢者是無實存的話，那麼夢中經驗的客觀對象當然也是無實存的。這與前面所傳的教法很接近，就是對著鏡子稱讚與辱罵自己的鏡中映像，然後觀看自己的反應。把這用於日常生活中，看你如何反應讚美與責罵。如果你也是同樣以開心與憂愁等等來反應的話，這一切只是因為執著，這就是導致我們輪迴不停的因素。

我們在修行時很重要的是把靈修用來解消三毒，這樣才對我們有益。如果我們不把這些教學用來降伏自心結，就算我們研讀一百冊佛經也不會有任何益處，即使我們碰到一萬或十萬位靈性導師也沒有益處，甚至蓮花生大士或釋迦牟尼佛在我們眼前出現也無益處。有多少佛的顯化身已出現？我們還是在這兒，還是在妄見中，還是因為心結而受苦。這都是因為沒有好好的修這些教學。我們還是受制於心毒而且因此而受苦。不是因為佛的缺點，反之，是因為我們自己的缺點。就好像佛說：「往東走。」我們不但不向東走反而向西走。那麼你還期待什麼？一旦你決定把所有聽到的法用於修行上，那麼所有的聞思修都會對你有益處。

四大淨光的融合：起先當你睡著時，前額感覺溫暖即是地大融入水大。在此時訓練明空的鮮明感，集中注意在心際中。然後當意識下沈，是水大融入火大，在此時也不要失去明空的鮮明感。當心變得激蕩，是火大融入風大，在此時也訓練不失去明空的鮮明感。熟睡時是當風大融入意識，在此時也清晰、鮮明地集中注意在心中不失先前的明空感。之後無夢光明境是當意識融入淨光，在那時你的睡眠將會明亮的留住於無生無思索的明空中。如你認知那不落理智思惟的明空，這就稱作「認知淨光」。這和死亡時意識融入淨光相似，故這就是死亡中有過程的訓練，當下認知夢境即是死亡中有的實際練習。這是第二課。

當你進入「無生無思索」境時，是你不回憶任何事物，沒有任何思惟。睡眠淨光了悟的訓練，是死亡過程了悟淨光的預習。這就像軍人在營中受訓，是爲了將來能在眞正戰場中與敵人作戰一樣。

反覆如是訓練。在你進入睡眠後一會兒，請人輕輕將你喚醒並問：「你是否已認知淨光？」如果沒有，如此重複多次練習你將會認知。這就叫作「了悟淨光」，而這就是所有淨光中之最。

如你藉任何方法皆不能認知，以體驗景象淨光來訓練。置身如前，集中注意在心中四瓣蓮花上，其中心有根本上師和蓮花生大士無二的清晰鮮明顯相。以清晰鮮明覺識入睡如前，不失此覺受直至意識融入淨光。首先在深睡時，無回憶而鮮明地住留明空中。之後，不入夢境而讓烏金蓮師之相清晰顯現於心中。然後你的全身、你的床、你的禪修處所，和周遭環境之清晰景象將生起如白日所見。因為此景象是非常淨化的，所以須彌山和四大洲將清澈地出現。如此景象稱作「景象淨光」。將此淨光和淨光之認知結合，基本淨光就被認出，無疑在死時第一個中有過程生起時，你將成佛。這是第三課。

如你仍無法以此方法認知，觀想你的身體即本尊，在你如脹大氣球的無瑕清晰小腹中，想像如光清晰中脈，顯現無自性。想像從頭頂直下至臍下的中脈內，在心際間有明點的淨化要素，紅色光澤，清澄明亮。它源自於生命氣能之淨化要素，觀想為閃爍亮光。想像因為它的輝耀，整個腹腔內是清晰燦爛光亮。如此從進入睡眠至熟睡，以明空鮮明覺識持觀不失，淨光將被認知。即使在第一次嘗試時無法了知，請友伴協助，反覆觀想禪觀對象，並轉換禪觀對象，某種淨光將被認知。

這淨光之本性，即使在你思流停止和入睡時，是夢境之明空現象，如清晰虛空之中心，無對象赤裸地住留。當你快醒覺時，它轉成持續不斷的三摩地。即使是在睡眠中，這景象淨光是促成視覺顯相現前如白日見到一樣，鄉間等等景象清楚可見。如你認為還未入睡，則你可以醒來。如你認為自己已入睡，你將清楚看到屋內景象。如這與淨光之認知結合的話，這是最好的，因為你一定會在中有過程內得解脫。在六種中有過程的重要教法中，這叫作「迷妄之淨光自然解脫」。三昧耶。

在這個修行中，你的覺識從身體內出來。也就是說，你從上往下看，很鮮明地看到自己的身體、房間與周圍的環境，就如同在白天的景象一樣。這個在睡眠中發生的經驗，與死後中有過程的經驗類似，就是你的意識可出來看到周圍環境。在這個晚間修法中，你可以很清楚地看到周圍的景物，所以你會以爲還沒睡著。所以你可以醒來。這個時候你才會發現剛才你其實是睡著了。生命中有過程和夢境中有過程的教學到此結束。

◆第3章

覺識之自然解脫：禪修穩定中有過程經驗教導

第三個主題是禪修穩定(Meditative Stabilization)[38]中有過程，稱作「覺識之自然解脫」，實用教法比喻為一可愛女子清晰地看鏡中何者不清晰，就是要教的主題。先前，覺識被指出並顯示為「就是如此」；由於心被固執地執著為明晰和覺識，你就執著於它是這個而已。結果你不能得解脫，故此處之教導是藉由不執著與超越理智的修法去指認覺識，來增進禪修穩定。以仔細檢視來維持覺識即是解脫，故此稱為「覺識自然解脫之教導」。

執著是解脫的基本障礙。例如，在小乘的修法內還是有我相，所以阻礙了完全解脫。這些教法內所提到的執著，是對於覺識本身的微細執著。覺識之自然解脫是發生在覺識的執著停止時。這兒的比喻是想像一位年輕可愛的女士對鏡自照、化粧、打扮美麗。她要別人認爲她很可愛。在照鏡時，她會看到任何不對勁的地方，所以能改善它。同樣的，這些教法教導我們如何觀看覺識的鏡子，然後找出先前不清楚之處。

在此之前，你的根本上師應該已經指出覺識的明顯性質，但是這些品質反而變成執著的對象。即使你認出覺識，你可能還是執著於它。目前這一階段的修法，是以超越理智思惟來脫離執著。佛教徒中不是只有小乘行者才有執著。即使密宗金剛乘的修行裡，也有很多方式導致執著的產生。例如，在生起次第內這可能會發生。

在西藏有一位喇嘛名庫學阿布，有一些人視他爲堪策耶雪多結的化身，是有極深了悟的偉大喇嘛，有極大甚深成就。這位喇嘛曾說如果以執著來修生起次第，幻想自己爲忿怒尊，嘴巴張大，獠牙突出等，這只會導致轉世爲魔王。同樣的，如有人以執著來觀想護法尊衆，這只會導致轉世爲魔。觀想並不是問題，執著才是。生起次第裡非常可能發生的執著的解藥是完成次第。同樣的，生起次第是虛無主義極端的解藥，這是在完成次第內可能產生的。

同樣的，有不同的技巧來達到禪靜，以有相和無相禪靜法。從有相轉到無相就可以減少執著。在這個過程內，你絕對不要變成呆鈍或恍惚失神，因爲這樣一點益處也沒有。在這些不同的修法內，主要的問題是執著，這是我們解脫的大障礙。你們有些人也許在想：「渴望解脫和證悟難道不是值得的嗎？利他和慈悲的想法難道不值得嗎？執著難道不是這些內心過程的一部分？」我對這些沒有任何的答案。你會慢慢找出答案。

「以仔細檢視來維持覺識」，意思是維持不斷持續的覺識在覺識本身上。敦珠鈴巴說：

「絕對不要讓覺識離開虛空。」也就是說要一直把覺識放在你前面的虛空中。故此稱爲「覺識自然解脫之教導」。

三種虛空之禪定(Meditative Equipoise)[39]

> 僅是覺識被指出如前與知道你的自性是不夠的。比如，讓野馬無拘束地奔馳多年，牠的主人將無法認出牠；即使一個牧者指出牠讓主人認識也是不夠的。必須用方法去捉住這匹馬，再降伏牠讓牠去工作。同樣的，單是認出此狂心是不夠的。據說：「哦，在這個時候，當禪修穩定中有過程向我顯現時，散亂多重迷惑被切斷，無動搖無執著，我進入無極端之領域。」

你的根本上師可能如前述的爲你指出覺識之本性，但單只是指出它和瞥見它是不夠的。在西方的佛教密乘歷史上，第一位把「草」給很多西方野馬的人是雀將沖巴仁波切。他不只是給他們草，他還給一些人香菸和酒。對要女人的男人，他給他們女人。對要男人的女人，他給她們男人。他一面給他們這些東西，同時自己也看起來好像是在走同一條路。他表面看起來喜歡菸、酒、女人等等。如此做，他把這些人的習性顯現給他們看，他爲其他偉大喇嘛如大寶法王、達賴喇嘛等開路，讓他們聚集這些野馬。我目前有緣傳法，並不是因爲我自己的力量，而是因爲雀將沖巴仁波切和其他偉大喇嘛所做的準備。

要了解雀將沖巴仁波切的策略，可想像在某一個地區下了一場很奇異的雨。當人們喝了這雨水後，他們都瘋了。國王來到這裡，但因爲他沒有喝這水所以他並沒瘋，但也因爲他與其他人不一樣，所以他們不跟隨他。因爲他看起來很奇怪，所以他們覺得與他無緣。國王了解這點後，也看到因爲他的責任是領導這些人，所以他一定要與他們一樣才能帶領他們。他喝了這水，看起來與人民一樣瘋。之後他們才跟隨他，他們說：「哦！他和我們一樣。」這就是雀將沖巴仁波切的策略。他看起來與我們其他人一樣的瘋狂，這樣他可以有效地帶領我們，而且人們會認爲：「哦，他是我們的一份子。他就跟我們一樣。」

就像劍不能割自己，眼睛不能看到自己一樣，我們還沒有認知自己的本性。在西方這兒和其他地方，佛法弘揚者從事廣泛的活動，有些活動遭致很多批評。從某個角度來說，有很多的批評是完全對的；但是從另一個角度來說，找別人的錯、批判、藐視、貶低別人等等的人也可說是膚淺的。也就是說，他們只是看到外在行爲而已，但他們看不到內在發生的事情。他們看不到如此行爲的源頭，他們也看不到這些他們藐視的行爲的內在理由。他們看不到這一類的行爲如何與西方國家的實況有關，特別是美國。他們也對菩薩的方法和智慧的運用缺少足夠的見解。因爲菩薩爲了利益衆生，可以針對不同的情況從事廣泛不同的活動。

這裡的重點是你個人的業力、你個人的行爲、你個人的功德。你所能看到的和你如何去評判，主要決定於這些因素：你自己的業力和功德。假如你沒有純淨的業力和功德，你就看不到事物的眞相，因爲別人行爲的長期結果可能與你所期待的不一樣。這就像你試著用手去擋太陽，你只能擋太陽很小的一面，但你擋不了整個的太陽。一個人如果業力和功德都不夠純淨的話，即使整個世界的人聯合一起去試著提升他也是不可能的。當我們的修行慢慢、慢慢進步時，這些事情會越來越清楚。唯一阻擋我們的是我們自己的蒙蔽。

至於找錯，我並不找已過世的上師的錯，或你們學習過的上師的錯。如果你想要找上師的錯，我建議你找我的錯。沒有悲憫心的人，可以談論別人的錯誤、貶低他們。如果你有一些悲憫心的話，你可以說：「哦，可憐的人。」而且對他人的過失有一些慈悲。從另一個角度來說，你可培養對別人有淨觀，但這是很難的，也許根本做不到。

找錯、貶低、藐視和羞辱別人的人，他們是佛教徒嗎？絕對不是。他們是菩薩嗎？算了吧！佛與菩薩是非常慈悲的，他們不會羞辱、毀謗、藐視別人。那是不可能的。這些貶低別人的人有蒙蔽嗎？絕對有的。因爲他們屈服於自己的蒙蔽與妄見，他們會看到不純淨的爲不純淨，他們也會把純淨的看爲不純淨。他們會看到一切爲不純淨是因爲他們自己的蒙蔽。這是他們的無知，這個蒙蔽是從妄念而起的。這就是他們如何看世界與對世界反應。

記住，諸佛並不會到處貶低他人。他們不會到處毀謗或歧視別人。這不是他們的品質。

當我們任何人苛責、毀謗或貶低別人時，不管對方的品德如何，在這苛責的過程中，我們已經把自己的缺點顯露出來了。苛責、藐視、毀謗等等，是我們顯露自己缺點的方法。一旦我們刻薄的擠壓別人時，我們自己的過錯就會突出。身爲佛教徒就不應再持續這種貶責和毀謗的傾向。當你以藐視之箭去刺另一人時，第一個刺傷的人就是你自己。尖酸刻薄的語言就像一把兩面的劍。想著：「我有一把眞正好的劍。」你可能提起一把語言的軍刀，但在你揮它去砍另一人時，它的另一面就會把你切成兩半。

初修者必須以不動搖的明記禪定。當這野馬未馴時，需以不動搖之熱誠訓練。如你動搖，則你將失控此野馬而跌下受傷。同樣的，如初修者追求尋常思惟，他們將跌下至悲慘生存之道而受傷，故以不動的明記來維持你的禪定。

在根本上師爲你指出覺識之本性時，你會得到一些了解，但只是這樣是不夠的。據說了解就像一塊補釘：你把它補上，但這是很容易剝落的。初步的了解是必須維持的。覺識之自然解脫就是了知我們的覺識。一旦我們了知我們當下的覺識，我們就不需要以期待之心去指望別人。是我們的覺識在解脫，我們不需要期望別人來解脫我們。

特別是在西方，當一般人想到禪定時，他們會覺得那是很特別的事。在禪定時你們期待看到、拿到、感覺到、聞到或嘗到一些特別的東西。你希望從禪定中得到一些東西或者帶來一些特別的東西。所有這些概念都是錯誤的。在眞正的禪定時，我們把所有的紅塵陷阱擺一邊或隨它去，你不做任何特別的事。既然覺識之本性是超越生住異滅，禪定又如何能做任何事？沒有任何東西可禪定，也無禪定之基礎。這個的本質是果。靈修之果本身被轉成道。有果位或靈修的終點嗎？把果位轉成道，是以沒有成就的期望也沒有失敗的恐懼去修行。你可能會問：「嗯，我會不會成佛？假如我修行的話，我是否會成就佛果？」你把果，也就是佛果，轉成道。在辯論時當討論到這點，他們會拍打自己的手心，結果是他們的手會變得非常非常紅。再次，有人可能問：「修此道的結果是不是你就會成佛？實際上，難道照著法修，結果不是會跟著來嗎？」我對此的回答是：「你難道不能滿足於把果轉成道？」

拿雙親做比喻。父母養育小孩，餵養他們，在所有的方面照料他們。在這漸進的過程，孩子們長大。當父母在養育孩子時，有人會對父母說「這個不是你的小孩」嗎？或者外人對父母說「這個是你的小孩」，會發生這種事嗎？不會的，事實就是這樣。同樣的，我們自己的本性是果，但在修行過程中，我們只是讓本性成熟，這就如父母把小孩養育成熟。它已是我們的本性，不會受任何人之承認或否認而有所改變。它就是如此而已。

「禪修」(meditation)另一名字就是不禪定於任何事物。從意義來看，三種虛空禪修穩定之禪定（equipoise）在《藉觀察三句解脫密經》中有教導：「哦，神秘之主，這些是修習法界的教導：外在虛空是這空的物質空間，內在虛空是聯接心和眼的中空的脈，秘密虛空是你自心珍貴之宮殿。把你的覺識導引至你的眼；把眼光導引至前方空中，把注視留在那兒，原本智慧自在生起。當意識被導向雙眼，只有無概念之覺識會生起，而不受任何強迫觀念的遮蔽。」

這個禪修的主要修法名叫「三種虛空之禪定」，是以毘盧遮那七支坐法來修習。內在把空的心集中在互相連接的中空脈上。「液體繩索燈」這個穴竅是促使導引覺識至眼睛。讓注視固定在這個新鮮的外在虛空，也集中你的覺識在面前空中。不專注於任何事，單只不動搖地讓它穩定、光明和均勻。

這與「頓超」的修行相當類似。你只有從經驗中才會了解這些教法的意義。這就像你必須餵養小孩一樣，你必須以修行來餵養自己。你一聽法就可能得到一些了解，但單只這樣是不夠的。

首先，修習短課。當你習慣後，修習較長的時間。當你修習快結束時，不要急速起立，慢慢下座不失禪定狀態，從事活動但不失覺識感，不動搖，不執著。你飲食、說話等一切事皆如禪定。

這一類修行的了悟，並不是你可以拿出來現給別人看的東西，例如財富。但如果有人宣稱自己了悟，這可以在長期仔細觀察後看出來的。

重要的是在此時要很小心，因爲業力的本質是非常細微的。當我們成佛時，我們可說是已經超越禪定或不禪定的分別，因爲那時這個就會是眞的。在那之前，重要的是小心不要如此宣稱：「哦，我整天都在禪定。我已沒有禪定與禪定後的分別了。」即使是一個笨蛋都很容易會說這種話。假如你太早如此宣稱你的靈修成就和證悟的話，你只是在羞辱自己。

這個修行有不同的階段。例如，你也許在白天禪修得很好，但晚間就做不到了。也就是說，當你睡著時，你只是睡普通覺和進入普通的夢境，所以你沒有在修行。這就像一位少年一樣。或者是在一般情況下你可以修得蠻好，但問題出現時，你的修行就垮了。這就像一個不太強的孩子，平常這個孩子到處走動，看起來蠻好的，但碰到問題時，他的弱點就顯現了。至於這個進展，首先，在正式禪修課內控制你的心，使你有一些眞正的經驗。如你能在此建立基礎，你可把此經驗帶到禪課之後。如你能在禪課時和禪課後都能維持定境的話，這又可以幫助把夢境轉化成定境。假如你有一些了悟的話，這就可助你在面對大問題、逆境或障礙時不退轉。這又促使你有能力轉化死後中有過程。這就是目前這個修法的目的。

這是一個漸進之道，先建立基礎，然後漸進的發展它。這修行擴展至你的全部生命，日與夜，甚至超過此生。在禪宗，據說一旦禪師收了一位學生，那個學生是從幼年時期養育到大。這眞是可欽佩的。同樣的，這修法必須在整個以上所提到的階段都維持好。

有一經文敘述：「當禪修時，不要禪定於任何事物，因為在法性之絕對本性中，沒有任何事需要禪定。」

《大成就主》敘述：「哦，這是我自己——空和一切成就者——之啟發：人身是無生，觀念是三摩地。禪定與非禪定不依賴條件。禪定的對象是一切現象就如它們所顯現。沒有任何方法去置放覺識於任何場所，就讓它無修飾地處於原本狀態即是禪定。」

又說：「哦，英勇的金剛，請熟悉真相。如果這被禪思的真相、這神祕之覺識不顯現的話，那些執著、習慣於聲音文字者將不會遇見我——一切成就者——之口傳承。」

又說：「不要把你的心運用在任何事物上，並且不要禪定。不要修飾你的身、語、意，讓它們鬆懈。不要去管星座、行星、黃曆或星象[40]，不要用心思想，也不要念咒、結手印。」

禪定後顯現的一切事物自我解脫

禪定之後，以下指導很重要。在禪定後，練習不失定境，特別是任何念頭生起時，不斷地讓它顯現而後釋放。每個念頭融入自然解脫境。在無執境中，均勻地釋放每一個。再者，觀念的自然性質是原本就住在自然解脫中。當前念生起為瞋，後念生起為慈悲，前念之瞋沒有去任何地方。它在自然解脫中釋放，沒有任何人去解放它。瞋念從未不變地住留。再說，瞋念生起是自生，而且是原本智慧創造力的自然顯相。因此，不能說：「它從這個生出。」所以，瞋念之本性是無生的。同時，這個瞋念是無居所的。如果它有，則所有從無始劫以來到現在的瞋念，如將它們放在一起計量，整個銀河宇宙都無法裝滿它們。瞋念是無生且無居所，所以無論它如何生起，它從未奠基於真實中。所以，昨日之瞋今天去了哪裡？明天生起的瞋從今天哪裡來，又會存在何處？今天生起的瞋現在在哪裡？當愛生起時，瞋去了何處？

它們皆是由自生原本智慧創造力所顯現，故它們是非添加的，即使被否認也不會消失。它們在自身性質的自然解脫中現前，所以不被其他對治解法摧毀或釋放。瞋恨，赤裸地看，是原本現前為自我解脫，並且是在其自性中不費力地解脫。現時沒有額外的解脫基礎；藉著指認瞋恨為自生原本智慧，以及轉化憎恨為實際禪定之道，所有顯相就生起為禪定。然後，無須外求禪定，執著於禪靜之心結將在原處解開。

故此，就像瞋念被確認是無生和自我解脫的，知道無論什麼觀念之相生起，包括八萬四千內心結使，它們全是無生和自我解脫的。所以沒有必要去驅除念頭與培養無概念。如果一個竹莖中間是空的，則所有竹莖均是空的，如果一個竹子有節關閉，則所有竹子皆有節關閉。如果你知道一滴水是濕的，則所有水滴皆是濕的。同樣的，知道一瞬間之觀念是無生和自我解脫的，你就知道每個念頭皆是無生和自我解脫的。確定一瞬間意識之觀念是無生和自我解脫，叫作「指認基於一實例」。當拒絕那瞬間之意識而後再尋找其他事時，沒有任何事能被指認，故稱為「指認基於自我」。由於它的性質揭示為自我解脫，故稱為「建立信心於解脫基礎上」。

在建立信心於解脫基礎上，有四個偉大的解脫方法。不管什麼思想生起，它們的性質保持原本解脫、自我解脫、瞬間解脫及完全解脫。當貪戀念頭突然生起時，它的性質保持原本解脫，所以目前沒有額外的解脫基礎。它自己解脫，不被其他任何人解脫，所以沒有其他對治法去解脫它。當一個念頭一剎那間觀察自己，它是無自性，無任何事物可看；既然是瞬間被釋放，它即非不變。既然一個已生起的念頭是自我發生的，它的釋放也是一個完全的解脫，所以現在沒有必要去著力釋放它。

如果一個生起，它是原本解脫的；如果兩個生起，它們是自我解脫、瞬間解脫與完全解脫的。由於它們解脫方法的要點直到現今還未被理解，念頭仍像往昔一樣被執著，結果是你在三界輪迴漂泊解脫無時。現今以四種解脫知道問題所在。一旦你的根本上師指出，確定能得解脫，現在你為何還要修習禪定，猶如削尖執著的刺？不管什麼顯現，讓它自我解脫而去。不要去禪定，讓它自由地漫遊。均勻地安定你的覺識。

這四種解脫非源自上師的甚深教導。也不是因為你是英勇的好人而能發現它。不是因為你非常幸運而發現它。所有眾生的性質原本住在這四種偉大中，但他們並不知道自己已是解脫的。執著於不能被抓住的，他們持續在輪迴中漂泊。當他們在三界漂流時，他們從未和四種偉大解脫法分開過。他們不可能與它們分離，將來也不會。雖然他們的本質是解脫的，但由於執著他們受制於迷惑而持續經驗痛苦。

舉例說，即使當他們痛苦地經驗地獄之苦時，他們受苦源於不認知自己本質是住在四種偉大解脫中。如果他們知道這受苦念頭之本質是解脫的話，就不會再有任何痛苦。由於被三種無明遮蔽，他們不知道它們解脫的方式。

不管你是以口傳承或是以研讀這書而得到這些教學，重要的是把這些教法用於修行上。因爲這些是大圓滿教法，沒有先虔修前行法就從事大圓滿的修行，是不會有結果的。重點是自己修，而不是把這些法傳播給別人。假如你只有概念上的了解就自己扮演老師，把這些法告訴別人，這是沒有益處的，實際上你是在種下投胎到下三道的因。先修這些教法，得到經驗，之後你就能以自己的證悟而傳法。假如你沒有資格去教這些法，即使你自以爲是以利他心或慈悲心去做的話，你還是在犯錯。要很小心不要自以爲有如此高超的發心。假如你認爲你可爲佛法做一些事，是偉大的喇嘛如達賴喇嘛、敦珠法王、大寶法王等等都沒有辦法做到的話，你可能應該再去想一想。從某一個角度來說，如果是純粹爲了衆生而修此法是很好的。但記住，很難有一個發心是免於世間八法或完全超脫自我中心。

在兩種菩提心中：發願菩提心（願菩提心）和事業菩提心（行菩提心），目前我們應該集中在第一個。事業菩提心是必須在聞思修都有堅固的基礎，也必須在六度（六波羅蜜）上有完整的訓練。這不是如此容易的。你應該養育自己就像養育小孩一樣，以修行來培養自己，餵養自己。最終當你靈修成熟時，就可做一切該做的。如果你眞正想爲佛法和衆生做事的話，就用你已擁有的去實現那些高超和高貴的理想。也就是說，用你的身、語、意。例如，以你的身體去禮拜和從事不同的虔誠修行。至於服務其他衆生，修第一度，也就是布施，送禮物或以物質或其他來幫助別人。然後慢慢修其他五度。培養和修習持戒、忍辱、精進、禪定和智慧。以這些修行漸漸成長，累積功德，淨化你的心流。這些是以身、語、意來服務衆生非常實際的方法。但沒有眞正大圓滿的經驗而試著去教這些法，就很困難。換個角度來說，如果你把這些教法用在修行上，了悟的經驗會逐漸生起，那時你就能把這些教法和別人分享。

> 四種偉大解脫的經典來源是《聲之穿透主密經》：「你自己的覺識不受觀念限制，所以它具有四種偉大解脫。由於它是原本解脫（即不修飾任何事物），沒有額外的基礎。由於它是自我解脫（不去調查探究），沒有對治之途。由於它是瞬間解脫（讓它留在自己的狀態中），它就在被看到之處消失。由於它是完全解脫，無須著力。」

原本解脫，意思是因爲覺識是原本解脫的，所以沒有任何多餘的事物要做，也無須任何修飾。這就如太陽光和雲一樣，陽光本來就在，但是它可能暫時被雲遮蔽。

由於覺識是自我解脫的，所以不需要對治法如禪定。但是只要我們還在修行道上，禪定技巧還是需要的。實際上，我們需要運用它們。

至於覺識之瞬間解脫，並不是「它就在被看到之處消失」，而是在認知覺識之本性的那一剎那，所有的污染或蒙蔽即刻消失。這就像誤認繩子爲蛇的比喻。一旦你看到這眞是繩子時，蛇的整個外形就立刻消失了。因此無須運用任何方法去對治污染使它消失。沒有任何事物可以幫助它們消失，也沒有任何事物可以妨礙它們的消失。

覺識是完全解脫的，因爲它是絕對完全地解脫在中心與四周，在三時：過去、現在與未來。所以無須著力於身、語、意去解放它。

《珍珠念珠》敘述：「由於它是原本地解脫，它是永遠的殊勝。由於它是自我地解脫，客觀情況不存在了。由於它是瞬間地解脫，顯相是純淨的。由於它是從極端中解脫，四種選擇被淨化。由於它從聯合中解脫，它不落於繁複。」

在覺識的自我解脫中，因素與條件已完全消失。在覺識的一瞬間解脫中，顯相是原本的純淨。如此的純淨不是後來才發生的，除了從覺識之本性中而來，它不是從別處來的。覺識是從所有的極端中解脫，如虛無主義與永恆主義的極端等。「四種選擇」是覺識不存在、非不存在、亦不存在亦非不存在、非不存在非非不存在。因爲它是輪迴與涅槃的唯一本性，所以它是「不落繁複」。

如此，由於一切顯相和聲音住留在四種解脫中，它們不受任何事束縛，也不被任何事解脫。一切事物是從本性中自我生起和自我解脫。任何顯現是不落三極端：生、住、滅，故法性是自我顯現。因此，由於上師直指出來，一旦你知道法性是自我顯現，你將了知顯相和意識就是法性。

在四種解脫中，「它們不受任何事束縛」。在輪迴中我們被我執所束縛：執著於我和執著於現象。但是，至於這四種解脫的本性，一切顯相與聲音是不被任何事物束縛，也不被任何事物所解脫，因此不需要對治之道。

我觀察到當你們很多人在禪定時，你們好像是一位射手很用力去找靶子，然後把箭導向靶子。你的心繃得很緊，你試著穩穩握住。從某一個角度來說，如此的誠懇和精進是好的。你已沈醉在你的禪定對象上，就像一隻鹿被琴聲所迷住。但從另一個角度來說，修行太費力和太緊的話會出問題。你很用力試著去抓住看起來不太穩定的對象。爲了對治過度的緊張，放輕鬆。禪定鬆一些，讓你的心多一點空間。

記住前面馴伏野馬的比喻。假如你強抓住馬鞍的繩子，猛拉它去制伏馬，馬也會攻擊式的回應。這樣你們兩個都會很累。比較善巧的方式是輕柔地馴伏馬，那麼馬也以輕柔方式回應。我認爲這方法是有智慧的，因爲訓練者與被訓練者之本性都是覺識。結果是，如果你用這種比較輕柔和自如的方法，我想問題會比較少。

一切顯相在本來狀態中解脫，故顯相不落肯定與否定。

如《聲之穿透主密經》敘述：「因此，一切事是法性，除此之外，別無可接受且無任何小事被摒棄於外。一切顯相是法性，除此之外，並無造作的法性。無論做什麼，無概念就生起。不拒不受，它是自顯。」

《鑲滿寶石之珍寶》敘述：「當能洞悉的意識覺照物體，顯相是自顯。那時，讓意識無拘束。」

《自生覺識》敘述：「沒有任何事物可禪定的意義是不排拒任何事。如果你沒有執著或貪戀，你發現了無可超越的。無排拒，無一物被排拒，和無一具體化的排拒者，所以如何會有任何被排拒之物？」

《大寶積經》敘述：「哦，語金剛，以你空的意識觀察所有顯相的原本智慧。一切事的顯相生起來幫助你。真神奇！」

「你空的意識」是指你自己的意識沒有任何實質、本質或核心。因爲顯相是覺識的創造表現，所以它們不阻礙或損害覺識，相反的，它們的生起可以幫助覺識。這就像泥土與花的關係。土並不阻礙花，而是幫助它盛開。

不管什麼顯現，它們不會從基礎上移動，哈哈！以你空的覺識觀察完全解脫的顯相。它們因為是自己的對治法而偉大，真奇妙！心結於本身自得解脫，哈哈！以你空的覺識觀察這原本解脫的幻想本性[41]。無須費力即得結果，真奇妙！藉了解一件事，所有輪迴涅槃在無二中淨化，哈哈！

《自生覺識》再敘述：「莫攀緣顯相。莫肯定非存在。莫否認存在。莫成就佛果。莫習禪定。莫培養見地。莫停止欺妄之顯相[42]。莫體會純淨顯相。」

早期的論集也敘述：「至於見地，觀察自生之原本智慧。它超越善惡、禪定和見地，真奇妙！不去動基礎，無論什麼身體行為，它們超越善惡與損益，哈哈！」

在這一類的經驗裡，不管你做的任何行爲，基礎是不動的。這可以用汪洋來做比喻。即使汪洋的表面浪在動，海洋的深處不會動。同樣的，覺識本性就如海洋的深處，身體行爲等就像表面的浪。

觀察事物性質現前的方式。這些顯相不轉變外衣也不更換顏色，真奇妙！任何你承受的樂與悲，它們實際上未被改變，哈哈！觀察這偉大空性，一切事物之源的原本智慧。許多思憶與想像的活動自呈現，真奇妙！無論做了什麼，它是無生，在不斷廣大中解脫，哈哈！

「現前的方式」只是指現象的本性。顯相的本質一點也不變。整個敘述是在講覺識的本質。當然從一般或相對的程度來說，是有樂有悲和很多的變化，但覺識之本質超越任何的變化。活動自然顯現，它們是自生的。

《大成就主》敘述：「不離念頭在自己狀態中被解脫之見地，無須用力，讓它們在其本性中。一切事是自生且在本來狀態中被解脫。」

因此，所有顯相之現象和意識不受任何人束縛，也不被任何人解脫。當你了悟它們如何從原本不受束縛和解脫狀態中顯現，就沒有任何事在任何地方可接受或拒絕。由於知道無論什麼顯現皆是法性之自性，除此以外別無更佳的禪定需要修習。一個壞的念頭生起不需將它丟棄。不管發生任何事，它不受束縛和解脫。

《圓滿智慧》敘述：「色是無束縛、無解脫的。全知是無束縛、無解脫的。」

了知其意而得解脫。結果是，好比去到金銀島，每一件事在法性偉大空性中得解脫，被執著之禪定對象在其本來狀態中得解脫。而你將不經歷中有過程而成佛。

請記住這一切都是指覺識的本性。從那個角度來說這一切敘述都是眞的。並沒有殊勝禪定要修，以便得到某種可聞、可看、可抓住的特別經驗。一旦達到完美證悟時，這就像來到一個全都是金銀珠寶的島上，因此你看到的一切都是同一本性。在證覺之了悟裡，一切所見顯現爲法性，所以沒有普通的顯相。

> 有三種成佛的方式。最上等是了悟四種偉大解脫法門意義而在今世成佛，如此你的五蘊及其污染皆消失。中等是死亡時藉遷識之教法成佛，或在法性中有過程內藉著真理之力顯現而成佛。最次是在受生中有過程的化身淨土內被釋放成佛，或去選擇好的轉世地點投生，再遇佛法而修證成佛。這些是禪修穩定中有過程內免於渴求三摩地之最佳教導，指認四種偉大解脫而成佛。這些即是禪修穩定中有過程的教法，稱作「覺識之自然解脫」。三昧耶。
>
> 封印。封印。封印。

成佛的最好方式是以成就「虹光身」，特別是偉大「遷識虹光身」，這是完全的轉化，連指甲都不留下。「眞理之力顯現」是透過生起次第與完成次第的訓練。「免於渴求三摩地」是要點。最好的學生是「頓悟」的學生，也就是當覺識被指出時就能證悟的人。頓悟的人或成就偉大遷識虹光身的人是什麼樣的人？此人是已很多世先在經典上受訓，然後在密集上受訓，最後是在大圓滿上受訓。經過這麼多世的訓練，此類的人已靈修成熟，準備好達到完全證悟。

此人就如一隻金翅鳥，牠一從蛋裡出來就立刻能飛，不同於一般的鳥在離開鳥巢前需要鍛鍊翅膀。因此，頓悟的人就如金翅鳥，而我們一般人就像普通鳥一樣，要慢慢的修行。是以修六度如布施、持戒等等。如果我們是以這方法修三大劫的話，最後會達到完美證悟。我們所有的人都必須以身、語、意來訓練和修行。如此，我們漸漸成熟自心流。

有很好和甚深的大圓滿教學，如《龍千熱江巴七寶》，還有了不起的上師來過這裡傳授大圓滿法。得到如此的教學後，自己研讀已翻譯好的大圓滿教學，進而禪修，漸漸的，將會了悟大圓滿見地。

如果我們淨化自己的心結如貪、瞋、癡，會有什麼實質的益處？第一是，我們將永遠不會再輪迴。我們的解脫是不能撤回的。目前我們是受制於色、受、想等心蘊之魔。當我們的心被淨化時，心蘊之魔就被降伏，我們脫離痛苦和五蘊。淨化心結的結果，是我們會視所有的教導和根本上師爲完全純淨，我們對法的信心會增加，我們會實際看到自己的根本上師爲佛。這淨觀不會是做作或費力的。

另一結果是，當我們與世間眾生打交道時，看到他們如何努力尋求快樂而找不到它，他們如何希望免於苦痛而找不到它，以及他們在這過程中如何不停的種下痛苦的因與得到悲苦的果，我們會對他們生起無限的慈悲心。這些是淨化自心流之結使的徵兆。

相反的，當我們的心還是相當受制於心結時，我們是在貪戀、憎恨、攻擊、競爭等等中起伏不定。眞正的慈悲心不會生起，我們會不斷從事不善業。只要我們追隨這些不善的傾向，我們就像鴦崛摩，此人割下所有他殺死的人的手指做成一串念珠。如果我們持續不善的傾向，大圓滿的教學將對我們一點益處也沒有。

對佛法只有一點背景的人，只要他們有意願修行就可接受這些教學。如果你的動機只是好奇心的話，那麼這些法會變成你的毒藥。曾經有兩個人向一位上師求法，這上師傳了他們大圓滿法。其中一人對這些法有正確的了解，他去閉關修這些法。結果他對這些法有了信心並得到了悟。另一個人在聽到大圓滿法後，認爲上師在說善與惡是無差別的，他心想不需要丟棄或追隨任何事物，他認爲他不需要約束任何的行爲舉止，所以他放肆地去犯不善業。他的錯誤是認爲善與惡沒有差別。他對這些教學有如此深的誤會是因爲自己的業力，結果是，他犯了所有十種惡業。

這兩人後來再次碰面，並比較自己對上師的教導有什麼了解和實踐。他們發現自己對這些教學的見解一點也不一樣，所以決定再去找上師確認眞理。他們找到上師，解釋了情形；上師回答說閉關的修行者是對的，放肆的人是錯的。那時，被上師指說是完全錯的人很生氣。他維護自己說他拿到與另一個人一樣的教學，他也很用功，但現在又說他是完全錯的，所以他就離開了。最後，他輪迴爲動物，另一個閉關修行者則成佛了。

這故事的寓意和我的勸告是：「要修行，修行時要記住你的行爲是有業果的。」重要的是對自己活動的本質要很謹愼。我們必須像故事裡第一個行者一樣小心自己的行爲。重要的是我們需要修行，重要的是我們要培養慈悲心，重要的是不要犯錯。我一直回到這些題材，並不是因爲我認爲你們笨到需要我一直重複自己的話。我是誠心希望你們修行順利，而且我一再重複這些要點是從我自己的經驗而來的。很久以前，當我在柏克萊傳法時，我傳授業力是什麼、輪迴、輪迴之過等等。過了一陣子，學生要求我不要再講這些題目，因爲他們不想再聽到輪迴。那時，我想：「這是一個自由的國家。既然他們不想聽，那就沒辦法了。」但是，我一直觀察他們，一些學生還是沒有了解。請不要遮蓋這些不愉快的題材，面對它們，這是最好的回答。

◆第4章 遷識明記自然解脫：死亡中有過程經驗教導

這第四個主題是死亡中有過程（實用教法如遞送君王之密令），遷識明記自然解脫教導。這些是針對一般人在死亡時成佛的實用教法。是對於未曾熟習前面教法如立斷、幻身、夢瑜伽、淨光的人，那些未了知四種偉大解脫法義的人，特別是曾得過教誨但沒有時間禪修的人。政府官員、負擔家計者和常分心的人，他們雖領受此甚深教法或聽到教法之後並未曾修習，只把教法放在一邊。這個遷識明記自然解脫是個重要、有力的方法，無須禪修而能成佛。

我們不需要到別處去尋找「負擔家計者」和「常分心的人」。這些法就是針對我們。我們分心是因爲受到世間八法的影響，以及我們對佛法只有一點概念的了解。我們把教法留在紙頭上或錄音帶上，然後就忘了它們。在西藏，傳統上教學當然是沒有被錄下，而且一般來說，他們也不記筆記。把這些法錄下來是好的，因爲可以幫助我們的修行，但如果我們不把這些法用於修行上，那麼這些記錄只是儲存而已。因此，目前這些遷識明記之教法是非常重要的。

每一個人出生後有一天總會死，而死亡何時來臨是無法知道的。但既然它快要發生，就時時要正視死亡。

一旦我們出生後就一定會死。這是毫無疑問的。我們能否確定死亡什麼時候來臨？事實是我們一定會死，而且我們完全不能確定死亡什麼時候會降臨。一般來講，我們活得好像還有幾千年的壽命，好像死亡是遙遠的。同時，我們可能還有信心認爲死亡後可以往生淨土，或者死亡就像搬到隔壁或像從加州搬到奧瑞岡州一樣輕鬆。事實並非如此。

根據《死亡徵兆之自然解脫》來檢視死亡的遠期徵兆、近期徵兆、不確定徵兆和確定徵兆。

關於這些或遠或近的「死亡徵兆」，我們並不需要一位占卜家或一位對不同死亡徵兆有專業學問的人。我們只需要檢視老化的過程，這就是死亡的徵兆。當我們變老時，我們知道死亡快到了，這是死亡近期的徵兆。生病是死亡的一個徵兆。特別是，當我們老化時，我們可以知道一隻脚已踏過死亡的門檻。我們不需要專家，我們只需要誠實面對。

積極地根據死亡徵兆從事欺瞞死亡的方法。如果你在死亡之徵兆不完整時，或者還沒有從事欺瞞死亡方法就修遷識法，這就如同殺死本尊，你犯下自殺的惡行。為了不犯此比立即受報的重罪還要重的罪行，一定要實行根據《欺瞞死亡：恐懼之自然解脫》普通或特殊欺瞞死亡方法三次或更多次。如果欺瞞死亡法實行三次而死亡徵兆不變，死亡是注定的，就開始做遷識準備。

「欺瞞死亡」意思是做一些事去避開即將來臨的死亡危險。當你看到死亡的遠近徵兆等，應要欺瞞死亡。欺瞞死亡的方式是以佛法修行來延壽。如此的修法包括拯救快要被宰殺的魚或別的動物的性命，和其他的長壽修法。

據說即使你是個犯過五種重罪應立即受報的人，在適當時機遷識，你會得到較佳轉世或得解脫，故其助益非常大。遷識法有兩個部分：一、訓練，二、實修（實際執行）。

如你以信心修遷識，同時以四種補救的力量和金剛薩埵淨化法，再恐怖的惡行都能被淨化，你就能得解脫或有好的轉世。

訓練

比喻來說，一個人懷疑他外在的敵人將來，他會披上盔甲、準備弓箭、操練，以防敵人任何時間來偷襲，他都有所防備。同樣的，你在死亡徵兆來臨前應有所準備。由於你不知何時會死，現在就應開始訓練自己，這是很重要的。當有一天死亡到來時，你已準備好遷識行動。

遷識訓練可在受教導時修習，或在遷識禪修時逐步被導引。就如教學的前行裡一樣，思惟圓滿閒暇人身極難得以及輪迴之苦。如此做，對輪迴生厭離心而想脫離。以此做基礎，勤勉地想你雖已得到極難得之人身，但它不能久留，因你將會死亡。

再以交叉雙腿菩薩坐式坐在安適座墊上，然後閉輪迴之門竅。挺直上身，雙手蓋膝手印觸地，雙肩伸展。再觀想一明亮深藍色「吽」字（ཧཱུྃ）在心中，一個相同之「吽」字下降到肛門堵住往地獄之門。另一「吽」字下降到密處[43]堵住往餓鬼道之門。同樣的，觀想一「吽」字往下堵住尿門閉住畜生道之門。明亮的「吽」字在肚臍、口中、二鼻孔、二眼、雙耳完全閉住門竅。觀想一白色「杭姆」字（ཧཾ）倒懸在頭頂，封住梵穴開口。

在身體中央想像一直立的中脈，如吹脹的細羊腸般，下端在臍下丹田處，上端通到頂門梵穴開口。白色帶黃光直通在身體中央。在下端臍下三脈會合處，有一白色光耀覺識本性之明點。清晰明亮，隨呼吸跳動、閃動，呈欲往上衝之勢。在頭頂虛空觀想你的根本上師，金剛持之微笑相。把你的體能往上拉，集中心思，強力關緊肛門，雙眼向上轉，舌抵上顎，雙掌握拳以拇指壓在無明指根上。強力從臍下往上提升，以內力往上拉，同時口中念「黑卡」「黑卡」。由於下方生命氣能之力，明點此時不得不自動在中脈內往上提升。七次「黑卡」明點就升到臍處，再七次「黑卡」升到心處，再七次升到喉處，再七次到達雙眉中間點，再一次「黑卡」到頂門梵穴的「杭姆」字所在處。觀想明點再下降，旋轉下到臍下安息。以此感受稍微放鬆[44]。

做了幾次遷識修習後的成功徵兆，包括頂門有油狀的溫暖感、刺痛感、麻癢感、麻木感、腫脹、頭頂柔軟，有血和淋巴液從頂門梵穴滲出。此時，根本上師須仔細檢查學生頂門。以孔雀羽毛或吉祥草插時，它會完全陷入。這表示你已習得遷識法。但你若不停止而繼續修下去，則你可能會減少壽命，故須停止觀想和姿勢(adhisara)。用牛油或穀油按摩頂門。

如果沒有上述的徵兆，以強烈力道往上提升明點數次後則徵兆會出現。即使你頭頂已經腫脹，但如果明點不能上升至頂門梵穴，頭痛等現象將會發生。因此，觀想打開壓住頂門梵穴之「杭姆」字，則明點將無礙地從頂門梵穴出去而碰到根本上師的脚底，想像明點回轉進入頂門梵穴，再降到臍下休息。如此做幾次，頂門梵穴就打開了。血和淋巴液確定會滲出，而吉祥草莖可以插進頂門梵穴。如果頂門梵穴不再以「杭姆」字關閉，你的生命會減少，所以關閉它很重要。從那時起，重要的是不要再念「黑卡」或實施姿勢，只要修習移動中脈內明點，且以「杭姆」字關閉頂門梵穴。這就是遷識之訓練。

因為「黑卡」是聚集命氣[45]之咒語，提升明點直到遷識成功，但成功後就不要再以「黑卡」提升。如果以強力修習遷識法太多次，你將時常昏迷，意識會被迫向上，你將會覺得暈眩等等。如果發生這種狀態，用拳頭敲打兩足心並按摩頭頂，強力想像脚上各有一個很重的金佛塔。多次使明點下降，這些徵兆會平息。重要的是，在修習中這些要點須好好遵守。

前面的討論主要是關於「遷識訓練」，這個方法要在你無病和死亡徵兆出現前好好修習。三昧耶。

在西藏，當某人感覺自己快要死時，通常他會把所有的東西都送走。有錢人會把產業分散出去，甚至窮人會把一切供養三寶。不管是土地、房子、畜生或其他財產，他們會在死前最後幾個月或幾個星期把東西供出去。連和尚也通常會在死前把在寺內的房間供出。既然他們快要死了，產業對他們沒有任何的好處。

當西藏人以難民身分來到印度，我們大部分的人都是貧困的。很多的僧侶難民暫時住在東印度的巴沙，當他們看到死亡將要來臨時，會把身邊僅有的一切做成茶供獻給其他和尚，目的是克服對任何物質產業的貪執。快死的和尚通常不會把禮物給予親戚，而是把這些供給其他和尚、三寶、根本上師等等。在把一切都給出時可減少貪執，因此比較容易從輪迴中解脫。

死前的布施的確有實質益處。如果沒有這麼做，死後就算別人幫你做也很難有眞正的利益。因爲死者的心流是在輪迴中漂泊，幫他做這些虔敬儀式的人的心流也可能是分心的。結果是，你有兩個漂泊者，一個漂泊者是很難利益另一個漂泊者的。再者，到處漂泊的死者的意識是有能力洞察別人的。他可以看到爲死者利益而念誦經文的人的心。如這個意識看到在做法事的人的心是在到處遊蕩的話，這意識也許會產生反感。死者可能會失去信心，這樣的話，他可能會轉世到下道。

一個人在死前從事善行只會有益處，不會不好，它只會有幫助。一位非常偉大的喇嘛可能可以利益一個已經死掉的人，但這還是難的。你可以去檢查這點。當你在睡夢中，你能否從根本上師那兒得到益處？如果不能，死後在中有過程中就更難了。所以最好在死前誠摯行善，特別是布施的善行。若你能做到的話會是很好的。

實修

首先，發心是非常重要的。培養大乘發心，菩提心。不要以爲這些遷識的教學是可忽略的，相反的，這個修法是你爲自己和他人成就證悟之全知的因。

如果死亡徵兆已完備，且在欺死方法修持三次仍無法消失時，即是遷識時機到來。分五個部分：法身遷識、報身遷識、化身遷識、強力遷識、尋常遷識。

這是找出臨死的徵兆，如果你從事維持生命的方法三次以後還無效，你就是在死亡邊緣。這時是實施這些教學的時候。傳統西藏沒有維生設備（life-support systems），也沒有延續臨死病人的特別醫護程序。當人們看到自己快要死時，就會運用這些修法。

法身遷識法

啊！現在死亡中有過程已來臨，我將除去貪愛、攀緣與執著任何事。我將不動搖地從事教誨的清晰經驗。我無生之覺識將被遷至虛空中。

直到目前，我們不要說成就利他，我們連利己都還沒成就。我們也許曾經拿到佛法之精要指導，但我們看輕它們。雖然我們拿過皈依，但它對我們來說並不是眞的或是有意義的。在死亡邊緣，重要的是丟棄貪執而進入遷識實際教學的清晰經驗。

受到致命疾病打擊或死亡徵兆全備時，是死亡中有過程的預兆。這些死亡中有過程的實用教法就像美妙少女看鏡時，一切不清楚的變得清楚。這裡有兩個部分：一、他助觀想，二、自力觀想。

如某某人熟習某區的高速公路系統，在他的敵人出現時，他已知道如何逃走。同樣的，由於這些教學，本來不清楚的就變得清楚了。最好是自己觀想而修，如果不行的話，可讓別人幫助你觀想。

他助觀想：你自己可能知道死亡徵兆已全備，即使你不清楚，你的醫生、護士可從你的病徵中知道。如果你的自覺心是清楚的，你自己也可檢視近期死亡徵兆。如果你將過

> 世而根本上師住在附近，邀請他來你身旁。

在西藏，上師有時會預言一人會在某個時間內死亡，因此，此人預先做好準備。在西藏，邀請自己的根本上師來助己度過死亡過程，也是相當平常的。

> 將你一切財物供養根本上師而不起一絲貪著心。如果有一絲的貪著，甚至只是對一極小事物，這將會使你掉入悲慘的輪迴境界中，就如《比丘三大火災記述》所記載。即使你沒有能力去實際獻供，亦可內心釋放與供養一切。特別是不要在身旁放任何一件會引起貪著或憎厭之物。這就是下面一句話的涵義：「我將對任何事物去除己之貪戀、攀緣與執著。」在那時做一乾淨完整的割捨，像在《日月雙運密經》所述：「以禮品及款待取悅你的根本上師、僧伽與特別對象來得到功德[46]。」

這兒的重點是一剎那的貪執都不應該有，因爲貪愛與執著是延續我們輪迴的最重要因素。貪執本身不但在死亡時是有害的，但如果你有貪執的話也容易會有忿恨。例如，在死時你發現一個你不喜歡的人將會拿到你的財產，你可能非常不高興、失望，因爲你無能爲力所以會導致生氣。死時有忿怒的心態是非常有害的，所以不應有貪執與忿恨是非常重要的。至少在死亡那一剎那，丟棄貪執。雖然在這之前你無法完全去除貪執，至少在死亡過程中暫時脫離貪執。假如你能完全丟棄貪執，那是最好的，因這會引導你得到解脫。

例如，在車禍中，你看到自己受了致命傷，你無法寫新的遺囑或在斷氣前分派財產，這時你可以在內心供獻出一切，不只包括物質產業，也連帶你的親友和周圍所有的人。釋放對一切事物的貪執。這種猝死也可能發生在軍中，如果你是在戰役中死亡。如果你死在海外，實際上無法把所有的財產供出，但你可在心內供出它們，這是應該做的。

在死亡過程中，不要讓任何你會貪戀的事物出現在視線內。例如，如果有任何你愛戀的人，在你死時不應在你身旁。如果有人是你眞正不喜歡的或是你很討厭的，此時也不應在你身旁。你不會眷戀或厭惡的友人或其他人應在此時協助你。他們應該把房內任何引起你眷戀的事物拿走，以營造一個不會引起你的貪執或忿怒的中性環境。實際上，你這麼控制不了自心，以致你不能與這些事物共處一室是不太好的，但這是一個防護。

> 然後，一旦你的根本上師來到，如果先前你曾破戒，向上師懺悔，彌補任何已犯的缺失。如果你已受戒，則恢復持戒。如果你沒有受過戒，以皈依和受戒來接受基礎。

如果你破了任何關於自己的根本上師或他人的密乘戒誓，現在就是懺悔和彌補的時候。

如你已受了其他戒律或誓戒，不管是沙彌戒、比丘戒、菩薩戒或密乘戒等等，你應懺悔任何的破戒並彌補它們。

> 如果先前曾受過遷識訓練，置身於禪坐姿勢，讓根本上師多次引領你修先前做過的遷識觀想。成功之徵兆是一旦你呼吸停止，你的頭頂會腫脹，或者是確切的徵兆如血或淋巴液滲出。

遷識成功的徵兆除了頭頂腫脹以外，還有頭頂有刺痛感，血和淋巴液從頭頂流出，頭頂的頭髮不需用力就可拉出，或它們輕易就掉下。有任何這些徵兆就不需做任何事。

> 如果有這些狀況，則不需再做中有過程之觀想；如果沒有，則你的根本上師需將口靠近你的耳邊，或以竹筒或捲起之紙筒靠近你耳邊。然後他再根據《中陰身救度法》引導你觀想，慢慢在你耳邊念誦從法性淨光中有過程開始直到中有過程。如此做，不可能不會成功。

根本上師可用任何一樣東西如捲起的紙筒或管子等，來幫助他把聲音傳入將死之人的耳朶。念《中陰身救度法》的人應清楚、慢慢地念。念得太快的話反而會打擾死者，令他混亂。實際上，如果死者可清楚聽到你的聲音的話，就不一定需要管子等。但是，你也許可用比平常大一點的聲音，只要快死的人可以清楚聽見就行了。

> 比喻說，國王令諭託一位可靠臣子傳達。這位臣子不會忘記，因為如果忘記，臣子會受到懲罰。故基於恐懼，他定會傳達此令諭給收受之人。同樣的，在這個情形下，基於對惡道輪迴的恐懼，在心中切記這些實用教法，你就一定會發現法性中有過程。
>
> 如果你的根本上師不在場，讓與你同一靈修傳承的靈修朋友協助導入觀想，或是讓其他持戒清淨，解行與你相近的金剛師兄姊來引導。

「靈修朋友」是與「上師」或「根本上師」同義的。即使你的根本上師不在，假如有同一傳承的人在的話，你可請他來幫助你度過此中有過程。你也可請你的佛法朋友、金剛師兄姊來幫助你，特別是那些有高品質戒律的人。如果任何這些人都不在場的話，你可以隨便找一個人來念法本並協助你。這也會有幫助，總好過什麼都沒有。最好此人具有純淨道德，但就算沒有，重點是在死時你可以清楚聽到念誦的字句。所以要有一個能念得清楚的人念就行了。

《日月雙運密經》敘述：「在其時，將根本上師的實用教導和你的心流融合。重複觀想這些要點。讓你的根本上師、同門弟子、金剛兄弟來引發這個清醒的觀想。」

這就是讓他人來引導遷識的方式。

自力觀想：如果你的根本上師、同門兄弟或朋友不能在場，或是你在單獨閉關中死亡，而你是有良好修行不需要別人引導觀想的修行者，你可以自行引導已修過的觀想。如果你已了知淨光，受過空性見地之訓練，並能完全指認覺識的話，法身遷識是最佳方法。如前述，身邊不放任何引起貪戀和憎厭之物。如果身體許可，以七支坐法或坐直來修。如果無法做到，則以右側吉祥臥頭朝北睡姿來修。多次誠懇發菩提心，想著：「現在我即將死亡。在三界輪迴中，特別是末法時代，我慶幸能夠以此甚深教導方法為伴行遷識。現在我將認知死亡淨光為法身，我將發送無數化身應眾生需求而行教化，我必須服務眾生之需求直到輪迴盡成空。」

這個右側的臥姿是佛陀進入最高涅槃的姿勢。法身遷識是給一位在所有高階段裡已有經驗的人。此人死時有理論和修行爲伴。如此，他成就了自我和他人的利益。成全自我利益是實際的證悟法身之本性。成全他人的利益是發心去顯化無數化身來服務衆生之需求，直至輪迴已空。

在西藏，一些年老的修行人將死時通常會特別高興。當然，他們這麼開心的理由是他們已對此死亡中有過程準備好。對於這樣的人，有句話說：「死亡非死，是小佛在過渡。」這只是形容死亡對於這種人來說是一個證悟的經驗。從另一個角度來說，我們其他大部分的人不是這樣的，如果我們對死亡過程沒有準備好，那就是完全不一樣的狀況。我們很多人活得好像自己還有幾千年的性命，而且不理會行爲的業果。這一類生活形態的死亡是非常不同的。

我小時候曾親眼看到一些年老修行者在知曉自己將要面臨死亡時的歡欣。他們的一生是以思惟無常、輪迴之苦、空性的眞理等等來準備死亡。很多的上師和年老的佛法行者是以此方法死亡。也有一些人聽說這些人歡欣面臨死亡就模仿他們，然而他們自己並未對此時刻做好準備。所以，在眞正死亡的過程時，他們就變得很沮喪，比普通人承受更大的痛苦。因此，我們要爲死亡做準備。所有的佛法訓練、聽聞、思惟與禪修，應爲我們準備好面對此中有過程。

> 然後專心想著：「我虔敬根本上師，尋求得甚深教法即為此目的。」然後無動搖地進入實用教法之清晰經驗中。
>
> 然後內心無修飾，不受遷識者與被遷之識基本分別想。置覺識長時間於不造作、鮮

明、不動的穩定、赤裸地明空和堅固中。如果在此經驗時你呼吸停止，基本淨光和目前正在培養的道上淨光會合，就如越過河流的拱橋。這即是子光和母光相遇合。

這也像兩條河流相會合一樣。「越過河流的拱橋」這比喻是指佛法九乘就如河，大圓滿就如越過河的拱橋。所以大圓滿是「唯一的明點」，覺識的本性，也是本質。

基礎、道途與果位（地、道、果）的特質如下。基礎的性質是過渡、變遷和波動。道的性質是免於一切的貪愛、眷戀與執著。果的性質是遍布和超越。它是輪迴涅槃之精要本性，其中沒有任何菩薩地或五種修行道。

這些是見地、禪修與行爲的特質。見地是輪迴與涅槃之統一、無二、唯一本性。禪定的特質是一切樂與苦、希望與恐懼在一味中完全同一本性。行爲的本質是無任何可接受或丟棄的赤裸覺識。此赤裸或無媒介的覺識是我們自己的覺識，是我們自己的本性，是不需向別處去尋求的。我們甚至不需要向任何佛尋求。此外，在了悟你自己覺識的本性時，你就了悟所有十方三世諸佛之心與你自己的心是不分的。了悟此點就是了悟一切佛心，以此了悟，你達到完全無懼之境，永遠不再回到輪迴。

在聽到不會退轉回到輪迴，有些人可能會感到驚訝，心想：「一旦我脫離輪迴後又如何？也許我會迷失！」不要擔心，你不會迷失的。這個了悟是利己的成全和利他的自然成全。你現在可去服務無邊眾生之需求，這就像陽光射向十方一樣。太陽並無刻意放射出陽光去做一些事，光線自發的射出只是太陽的本性。同樣的，一旦成佛後你不需要特別意願去服務眾生，相反的，你的服務會無礙、自發地流出。因此，不要以爲成佛後就迷失了，這是虛無主義。如此的證悟沒有什麼可讓你憂傷，沒有什麼值得驚訝。再者，不管怎麼樣，這是很難成就的。

這個無生法身，無礙的最高點已達到了，而且在一剎那間你將得解脫。那些有良好經驗的了悟者應一再反覆此體驗。如此，這就稱為「原本純淨法身遷識法」，這即是最佳的遷識法。

對於那些未能認知者和缺少經驗上的了悟者，即使他們實行法身遷識，這就像拿一物件向盲人顯示，或向一隻狗指出一顆星星。重要的是根據每個人的根器而調整遷識法和觀想。

如果法身遷識成功，外在之相是天空變得澄清無瑕；內在之相是身體光澤長時間不變，且面色清澈；秘密之相是出現白色「阿」字（ཨ）和深藍色「吽」字（ཧཱུྃ）。這即是法身遷識。三昧耶。

有如此的成功時，天空會變得非常安靜。曾經發生過很多次的另外一種徵兆，是年老的行者死後長時間身體栩栩如生，氣色如活著一樣，而且身體無臭味。這一類的徵兆過去曾多次發生在西藏與印度。例如，一九五八年敦珠鈴巴的語化身與身化身。他們曾見一面，沒有生病卻在一起圓寂。這是在冬天，緊接著他們的圓寂，有打雷（這在冬天是非常不尋常）也有地震，人們看到像花一樣的雪從天空飄下來。很多天後，天空還是清淨明朗。這些是偉人入涅槃的確切徵兆。

近期在印度巴沙的難民營，那兒有很多的和尚，有一位喇嘛名竹巴加工（他目前的化身還很年輕）。在一九六一或一九六二年當他圓寂後，他維持盤腿禪定姿持續甚深三摩地兩個星期，身體無臭味。當敦珠法王在一九八七年圓寂時出現彩虹和明點兩星期，有數千人在不同的國家見證到。

報身遷識法

如果你曾主修生起次第，特別是對空性只有一點體會，選擇報身遷識較好。如果可能，身體坐直如前，實施遷識如以前練習過的方法觀想。特別是，在頭頂清楚觀想在蓮花日月輪上坐著你的根本上師以報身嚴飾形相顯現，如金剛持、金剛薩埵或觀世音菩薩。特別是想像他為你修習生起次第之本尊相顯現。在你的身體內，清楚觀想一白色明點或本尊種子字，如白色「阿」字（ཨཿ）、深藍色「吽」字（ཧཱུྃ）、或紅色「合瑞」字（

ཧཱུྃ），在你臍下清晰無瑕的中脈底部。最好是你能清楚觀想所有門竅以「吽」字堵住。

當你觀想白色明點或本尊的種子字時，確定你觀想它在自己的身內，而不是在上師的身內。最好能夠觀想「吽」字堵住所有往六道輪迴的門竅。如果你無法做整個觀想，那也無妨。

> 如果不能清楚地觀想這些字，則不要注意這些門竅，專心集中意識在你的中脈內。向上推舉你的身體能量，強力關閉你的下竅，轉眼向上，舌抵上顎，向上提升下方生命氣能，集中你的意識在中脈內。口念「黑卡」「黑卡」逐漸向上提氣。當心識到達頂門梵穴時，想像被「杭姆」（ཧཾ）字封住的頂門梵穴打開。想像你的心識從這白色無瑕的內部如箭向上射出，融入本尊心中。集中你的覺識在本尊的心中間。不讓它下降，反覆向上提升並融入。然後也置本尊在非所緣之本性中。如果在這經驗內你的呼吸停止，你將達到持明者的境界與本尊無二分別，而你將以報身佛成就佛果。

在以上的觀想內，你把與你的意識同一本性的白色明點射到本尊心中。在受訓時，念「黑」是當你的意識上升時，念「卡」是讓意識下降時念。在眞正死亡過程中，最好不要念「卡」。只念「黑」，因爲你只是把意識像箭一樣的往上射，你不再把它拉下來。這是個單程。你把它射向本尊或根本上師心中而融入，它不再回來。

> 以此方法，如你成就報身遷識，外在之相是天空變得充滿彩虹和光；內在之相包括頂門梵穴有血或淋巴液滲出，以及露水及腫脹現象在頂門梵穴出現；秘密之相包括五種舍利[47]出現或其中一種出現，或出現本尊之相、手持之聖物等等。這即是報身遷識法。三昧耶。

這一切主要是針對熟習生起次第的修行者。在生起次第內，你觀想整個環境爲淨土，丟棄普通顯相與執著。你也視內在顯相和一切衆生爲純淨，顯現但無自存。淨觀是生起次第的要點，運用此在死亡過程中報身遷識上非常重要。這些法是用在死亡過程中，如果此時不成功的話，就可用這些教法在後來靜忿尊衆生起時。此修法不是爲了戲劇化的效果。

化身遷識法

> 說到身體姿勢，右側臥會使生命氣能從左鼻孔出去。在那時，祈求一個化身佛出現在你身前，如釋迦牟尼佛、藥師佛、彌勒菩薩、蓮花生大士、你的根本上師和朋友，或是其中之一的畫像或雕像。在其前陳列豐富的供品。如果沒有實際佛像，清楚地觀想他，

內心化現供品供養。你和其他人應祈念：「現在藉著我的死亡，願我為利眾生故轉生化身佛，願如此做能大利益世間。願此化身佛具足證覺身之吉祥相，願我未來生和妙法事業無障礙。」

你「祈求一個化身佛出現在你身前」，這可以是任何一個化身佛的身、語、意代表。擺任何代表在你的前方是很適當的。例如，假如你是在醫院面臨死亡的話，甚至連一個佛的身、語、意代表也不太方便去置放，也不太可能擺出任何供品。在那個狀況下，不要擔心和不安。如果你沒有東西可以供養或沒有佛案供桌，這都沒有關係。只要供你的身、語、意，以及不要煩惱。那是很好的。單只供你的身、語、意是一個好的代替。理由是無數劫以來，我們都固執地執著自己的身、語、意爲「我的」。一旦對自己的身、語、意有強烈的認同和占有感就不可能把它們供出。在死亡過程時，如能眞正供出個人的身、語、意，那不是很大的功德嗎？

「願我轉世為偉大金剛持，做三時一切勝尊之代表。」心中如此虔誠祈願。在臍下想像三角生法宮，和在清晰無瑕中脈內有一粉紅明點，光耀閃爍，欲向上衝。關住收縮下門竅向上提氣。下方生命氣能自會將明點向上推，並盡量多次念「黑卡」「黑卡」把它向上提。當它到達左鼻孔，覺識伴隨命氣，一瞬間，像箭一樣它就融入你面前的化身佛心中。讓生命氣能和覺識就如是的在那兒不要收回。多次重複練習直到你的意識離去而有確切成果。當你的意識在整個經驗中離身而去，你確定在未來會以化身佛出世而為衆生服務。

「生法宮」是立體的倒三角形。粉紅色明點是如櫻花的顏色。想像覺識融入前面化身佛或根本上師的心中。提到從「左鼻孔呼出」是不尋常的。有一些遷識的教學只談到導引覺識至頭頂，如你能讓它從頭頂出去會很好。這兒是另一個選擇，這些修法並非不相容的或不相配合的。

如此化身遷識能成功的話，外在之相包括在天空出現如意樹和寶傘的彩雲及彩虹，從天降下花雨；內在之相包括左鼻孔流出血和淋巴、明點和露珠；秘密之相包括許多小舍利子，（火燒荼毗後）頭骨也完整不會破裂，且有本尊手持之法器出現。這即是化身遷識。三昧耶。

明點是指白、紅明點。在西藏有很多例子是白明點與紅明點從過世行者的鼻孔流出來。

這些本尊手持之法器是出現在頭骨上。

強力遷識法

前述的教法是針對逐漸死亡的例子，但如果突然死亡，則無時間從事前述修法，所以瞬間遷識就很重要。再者，由於你不知你死時面對什麼狀況，現在開始你即應輪流修習「訓練遷識」和「瞬間遷識」。

在此章〈遷識明記自然解脫：死亡中有過程經驗教導〉中已傳授了法身、報身和化身的遷識。這一切是讓快要死的人控制死亡過程。但你可能突然死亡如意外死亡，在那個狀況下，你就無法在死時處置你的身體或財產。所以很重要的是現在就要爲這個可能性做準備。我們全部的人都會死，死時我們所認同的一切事物如身體、財產等等，都會與我們分離。所以現在釋放執著以及供出去一切是有助益的。完全釋放你的身體、財產、一切事物，以致你覺得它們已不屬於你的了。

不要期待任何報酬、感激或疼愛的回應如「我愛你」、擁抱、一個吻、小禮物或其他等等，完全無期待地全部供出去。沒有人接受這些供獻。釋迦牟尼佛不會從雲端裡出來說：「謝謝，我的東西呢？」然後把它拿走。此供出的重點是釋放執著一切你所認同之事物。這個執著就如死亡之神，它被描繪爲嘴巴大張、獠牙露出、雙手抓住輪迴之輪。死亡之神是否眞的存在是另一個問題。但執著被描畫爲嘴巴大張和雙手抓住整個三界：無色界、色界與欲界是眞的。再者，執著有龐大的胃口，它攀緣一切現象。因此，就算我們不能完全去除我們執著的傾向，重要的是我們從現在開始就盡全力去減少它。

我們可以自問對自己的身體有無眞正的控制力，如果沒有，與我們沒有直接關係的財產或外在事物就更不用說了。我們不但無法眞正掌控自己的身體，我們甚至連自己的意識都無法控制。觀察你自己的心。此心是否完全在你控制之下，或者它是在自己的影響下作用？在你一生中，事物之生起不是只依據你的意志，它們是依賴你過去的行爲或業力。例如，你也許有意願從高中或大學畢業，但你有嗎？如果沒有，你也許有此意願，但你自己行爲的業果介入其間，而決定了你生命中很多事件。我們可得到的工作種類，我們失去的工作種類，我們去哪裡，住在哪裡等等，這一切都被我們過去的行爲所影響。因此，既然在這一世內無法自主，我們在死亡後又如何會有自主控制力？

爲了這些理由，重要的是目前要爲死亡過程做準備，並盡全力去減少執著於任何現象。我們自己可以看到執著於身、語、意到底對我們有無任何利益。我們都受過教育，都上過某種程度的學校，我們都學會了如何去思惟，所以我們應該爲自己研究這個問題。我們應該可以認出自己的執著，並以我們的經驗與智力來看看執著有無任何益處。執著是延續輪迴的基本主因。這些是眞正的手銬，不管手銬是金做的或鐵做的，它們都束縛我們。

也有一些所謂的修行人完全獻身於佛法。但是通常這類人對自己的佛法傳統、傳承、宗派或派系有很大的執著，而對別的傳承有厭惡、藐視或敵意。這不是佛呈現佛法的方式，佛不是爲這目的而傳授佛法。我有時也聽到有人說：「哦，某某人是個好喇嘛，但他不太了解眞正的世間。」你看過去的偉大喇嘛，如密勒日巴、蓮花生大士和宗喀巴。他們很多人像乞丐一樣靠布施過日。他們是「好喇嘛，但不太了解世間」嗎？這種評判通常只是一個藉口遮掩「我們比佛還要聰明有知識」的想法。

有很多狀況可以導致我們死亡，但我們並不知道是哪個狀況。所以重要的是輪流修持「訓練遷識」和「瞬間遷識」。

其法如下：在心中鮮明記住：「如果我突然死亡，我必須集中意識在頭頂。」這個決心很重要。例如，在農曆的二十二日晚上，如你有誠懇的決心想要在月亮剛升起時起床，當月亮在夜空升起一半時，你就會起床。就像那樣。再者，現在決心不論什麼大恐怖發生時，練習立刻集中注意力在頭頂。然後在「瞬間死亡」時，如當你從高的懸崖掉下來時，「我就要死了」這個念頭就會生起。一旦如此，最好是觀想根本上師或本尊在你的頭頂。如果你沒時間如此做，非常重要的是將注意力集中在頭頂。在那時我們會集中注意力的原因是因為現在當我們經歷危難時，我們會突然叫：「師父啊！」所以在那時候，我們也一定會想起我們的根本上師或引導我們的意識至頭頂。所以，這點是非常具深意的。

在這個修法內，你專注於頭頂，就算你無法清楚觀想，盡力想像任何佛的化身，不管是阿彌陀佛、你自己的根本上師或別人。這個決心最重要。

「農曆的二十二日晚上」是滿月後一星期，那晚月亮蠻晚才升起。此法本是在西藏還沒有手錶前寫的，所以作者並不能說：「假如你想要在清晨兩點鐘起床的話，你就這麼期盼而在那時醒來。」

在你的生命中，一旦你認為自己快要死時，立刻集中注意力在頭頂。如果你在死亡前能做到的話，這會有助於你的解脫。或者甚至在你發覺你剛死了，如果你能把覺識導引至頭頂你的根本上師或任何一位佛的化身上，這也會引導你解脫。所以，重要的是記得死前或死後集中注意力於頭頂。下決心一旦面臨死亡時，你就要把覺識導引至頭頂。如果沒做到或在死亡過程中無法回憶起任何的修行，你非常可能會在死亡時經驗恐懼、希望和迷惑。即使目前人們的生活過得不太糟或不怎麼痛苦時，很多人已感到迷惑。如果你在沒有面對死亡或承受很多苦難時就已感到迷惑，那麼眞正死時，你能期待什麼？是更糟的。西方人被寵壞了，他們沈醉於迷惑中而不去對治。

當你知道自己快要死時，想像你的根本上師或任何信仰對象如觀音菩薩、釋迦牟尼佛或任何佛的化身在你的頭頂上，會很有幫助。再者，目前正是回憶起你曾拿過有關死亡的教法的時候。在死亡將來臨時，最重要的是想起一位你最有信心的對象。

在西藏，遇到災難時，人們通常就會叫：「喇嘛千！」意思是：「上師您知道！」這是祈請這些證悟者駕臨。在難關危機時，你對有信心的證悟者呼請。從另一個角度來說，在西方國家裡，如果人們在危難時向「三寶」大叫時，他們也許是在指他們的車子、女友和房子。

如果這些對你來說只是沒有意義的字句就沒有必要大叫：「我的主啊！」或「我的喇嘛啊！」或「三寶啊！」很重要的是要了解你尊崇對象之意義，並熟習這些皈依對象之殊勝品質。只要你了解這些品質，那麼你在危難時或在臨死時祈請你的皈依對象，就會有眞正的加持。在此生中如你已習慣這個修法的話，那麼在死亡時這一定會是你的自然反應。

> 同樣的，如果當你完全被大火捲吞，或你被捲入大河激流中，你被雷電擊中，或你的心被箭刺穿，立刻誠懇地想起你的根本上師在你頭頂，或引導你的覺識到你的頭頂。這也叫作「瞬間遷識」或「強力遷識」。由於這是非常深奧的，內心要好好訓練這方法。

在前段主文的化身遷識中，快死的人是強調右側臥而從左鼻孔呼出生命能或氣。但最重要的是集中覺識在頭頂。你可能想起這修法其他更繁雜的細節，就是以種子字把所有門竅給堵住，好讓意識從頭頂出去。如果你能回憶起所有更繁雜的修法，那很好，但最重要的是集中覺識在頭頂。

當一般大災難生起時，叫喊佛之名號如「師父啊！」「蓮師啊！」有許多益處。如果是這樣，則集中注意力在頭頂的根本上師上會有不可思議功效。

至於遷識之途徑有極大不同，也就是，根據人的上、中、下根而有九種分類。頭頂門梵穴是通往空行母淨土的途徑，所以假如你的覺識從該處離開，你將得到解脫。那是最上途徑，所以要訓練將注意力集中在那兒。如果你的意識從眼睛離開，你將投胎為世界之掌權者；如果從左鼻孔離開，你將獲純淨人身。這是三個優越的門竅。

如意識從右鼻孔離開，你將轉生為藥叉㊽；如從兩耳出去，你將轉世為色界之神；如從肚臍出去，你將轉生為欲界之神。這是三個中等門竅。

如果意識從尿道離去，你將轉生為畜生；如從白紅明點和精液流動管道的「生殖受生門竅」出去，則你將轉生為餓鬼；如從肛門離去，你將轉生在地獄道。這是三個下劣門竅。

如此，不同遷識途徑有極大不同結果，所以在死亡時，如你能導引你的覺識在頭頂會有無限的益處。這就是強力遷識。三昧耶。

尋常遷識法

那些尚未認知空性意義、不知道生起次第和完成次第意義的人應做右側臥，頭朝北方。你的根本上師或同修的師兄弟或朋友應引導你的覺識觀想。如果身體許可，他們應讓你行皈依、生起菩提心和懺悔罪障。然後受菩薩戒，如有時間，接受密宗灌頂。在臨終時有這些新鮮未玷污戒誓的殊勝業力之推動，你就能脫離惡道而有無法估計的益處。

如你未了悟空性的眞相、未熟習生起次第和完成次第的修法，你就應修習尋常遷識。生起次第的要旨是視一切顯相爲佛的身體，一切聲音爲佛之語，所有意識內涵爲佛之心。完成次第的要旨是了悟法性之本性。如你還未得到任何的經驗、證悟或了解，就應該右側臥頭朝北。然後皈依、受菩薩戒、懺悔任何所犯的惡行。

在西藏，當一個人知道自己不久將會死時，通常就會拿整套的靜忿聖尊衆大灌頂。這對快死的人有一些實際的益處。如果遠在死前或就在臨死前都沒有做好準備，而只在死後找別人替你念經文，很難有實際的益處。如果一位有很高證悟的喇嘛修法，這也許會對你有一些幫助。但一般人做是很難有些微的利益。如果你能在死前重拿密宗誓戒，你不可能有時間破戒。這個給予你殊勝的業報推動力，而且這是很好的方式去結束你的生命。

美國佛教徒的最大問題是，你們還沒有好好的修已拿過的教法。一般來說，美國的西藏密宗信徒都拿過皈依、受過皈依的教學，他們也拿過菩薩戒。你們很多人也拿過很多的灌頂，所以不必在死時才第一次受灌頂。但在此生中，你們好像沒有什麼時間去修這些法。所以當你們在面對死亡時，你們不需要試著做某些很特別事，如果你能單純地把信心放在佛法僧的皈依對象上，並且記得修此法的精神是爲了衆生之故而勤求證覺，那就夠了。

假如一個人連這個也做不到，則輕輕地呼喚他的姓名並說：「在你頭頂是偉大慈悲主[49]，敬禮他！」再搓揉此人的頭頂。輕拉頂門梵穴的頭髮。這將使意識從頂門梵穴離開。

如果連將死亡之人和一般動物沒兩樣地這樣處理都無法做到，則將此人頭朝北，念多次「皈依寶生佛」，這將確定能使此人免受惡道之苦。因為這位佛在過去生曾祈願：「願所有聽到我名字的衆生免於惡道之苦。」再者，據說如果一個人能說出無上醫王藥師琉璃光佛之名字，只要聽聞此佛名，則此人能不受惡道之苦。同樣地，大聲說出所有你知道的佛名，念誦你知道的一切祝福要義，如六字大明咒。特別是，如你胸前掛有保護咒語，念誦它。念誦《中陰身救度法》祈文，獻上任何你知道的祈文。如此做就可能建立殊勝業報之動力，故這有非常助益。據說以最起碼的方式身體右側臥，頭朝北，你將不會去惡道。

如果你記不得寶生佛，就念阿彌陀佛。在死時你也可念誦「嗡嘛呢佩美吽」或金剛薩埵的百字大明咒。

如此，在死亡時所有修行佛法的益處應會出現，所以熟習死亡是重要的。這些即是死亡中有過程的教法，稱作「遷識明記自然解脫」。三昧耶。封印，封印，封印。

不管你在修什麼法，它應該與你的死亡有關，而且在死亡過程中對你有幫助。如果它不能在死亡過程給予你任何實質的益處，你就沒有掌握到要點。例如，如果你以曬乾的肺做一鍋湯，肺的碎片都會浮到湯面。不要讓你的修行像乾肺湯或浮到水面的爆玉米花。你的修行應對你死時有些實質的持續價值和利益。這是非常重要的，不管你是學者、修行人或禪修者。

從某個角度來說，你做的任何修行，不管是聽聞、思惟、禪修、皈依等，都會有益處的。但從另一個角度來說，在美國通常人們永遠不滿足。有兩種不滿足。第一是當你在從事聞、思、修時，你不到眞正成就解脫就不滿足。這一種不滿足表示沒有自滿，那是好的。第二種是當你已得到有力量在這一世帶領你得解脫與證悟的教法，但因爲不滿足，你把它們放在一邊，沒有眞正修它們。相反的，你在等待一些更殊勝、更隱密、更深奧的教學，你去追求它們，希望它們有特別的功效。例如，你可能先拿了很好的中觀教學，得到一些理智的了解而沒有以此見地去禪定。之後當你聽說有大手印就去追求它。你也沒有修它，然後當你聽說有大圓滿時，你認爲那是更高的。但你已建立一個壞習慣，現在你已習慣去尋找越來越秘密的法。在這個過程中，你並沒有在任何教法上建立基礎。

初學者並不曉得什麼是對的，所以不能怪他們。另一種常有的傾向是對佛法持有輕浮的態度，一種自助餐心態，每一種教法都嘗一點但不好好咬碎（熟思）與消化（了解）它們。這是一個問題，化解方法是堅定地致力於靈修並按部就班修這些教學。在修行上建立基礎，然後從基礎向上發展。當我們回顧自己的生命，從孩童時期到今天，我們可以自問：「我們到目前爲止建立了什麼樣的基礎？」很多人連自己的教育都還沒完成，這是同樣沒有毅力去完成的態度。我們有很多機會去增進我們的教育，但我們沒有善用而讓機會流失。所以集中精神在你的修行上，好好去了解已拿到的教法。

有些人非常執著於佛教某一宗派或傳承。例如，一些小乘行者認爲他們的才是唯一眞正的佛法，而認爲大乘教義是假的。有一些人也許是追隨大乘教學，而認爲小乘教義是假的或較低的。這一類門戶之見的態度當然是毫無益處，反而有反效果。如果你是修小乘，你是集中精神在整個佛法的基礎上，包括四聖諦、十二因緣，以及培養出離心。以此做基礎，你可以進入大乘去培養菩提心，首先培養願菩提心，你可以培養四無量心來輔助此。在此基礎上，你可進一步去培養行菩提心，這是培養六度如布施等等。有了這些基礎，你就可以進入密乘。有很多修行的途徑，但如果你集中在生起次第的修法上，例如，如果你能在靜忿尊衆上有證悟，這就可引導你解脫。有了如此修行的基礎，你就可進入大圓滿的修行。但是，只有在建立基礎後，你才可能按部就班去修。如果你沒有先建立基礎，而只是修別的之後又放棄的話，那是一點益處也沒有。所有門戶之見的表現只是執著與厭惡的老問題。說：「我是紅教徒。」「我是黃教徒。」而承諾要致力於這一派系的修法直到你達到最終點是好的。但如果你不成就此修法而只是執著於它的話，這一點利益也沒有。

如果你是追隨佛法之途徑，你的修行重心應是降伏你的自心毒：貪、瞋、癡。你的佛法修行應該是這三毒的解藥。

如果你的佛法修行並不能對治和降伏自己的心結，那你不見得是佛教徒。佛教徒的意思是降伏自心之毒，培養菩提心，使你的心脫離輪迴。如果在你的修行裡這些都未發生的話，那麼稱自己爲佛教徒是什麼意思？

你們有些人想要修大圓滿法。爲什麼它被稱爲「大」？爲什麼它被稱爲「圓滿」？它被稱作「圓滿」，是因爲所有的證悟品質在此修行內達到圓滿化。它被稱作「大」，因爲沒有比它更偉大的了。但如果你以門戶之見的方式，而認爲自己是個大圓滿修行者並且執著於此，那就不是大圓滿了。在大圓滿教法裡，整個輪迴與涅槃是同一本性。如果是這樣，而你卻執著於自己是大圓滿行者的概念的話，那麼你是在輪迴與涅槃內的哪裡？如果你連大圓滿這詞的意義是什麼也不知道，我建議你停止如此的宣稱。因爲一切現象是一味，一切法是一味。例如，在黃教傳承內有一個常修的法叫作「喇嘛雀巴」，對上師虔誠或有信心。這修法內有一些句子是「您是根本上師」「您是本尊」「您是空行母」「您是護法」等等，專注在根本上師身上的修法，是爲了體驗到上師的證悟特質。這一類的修法是所有西藏密宗的傳承內都有的，不是只在黃教。所有這些傳承都是一味的。

在我們所得到的不同修法內，如果我們能集中心力於上師相應法上，而且好好修的話，我們會發現生起次第與完成次第的整個意義都包含在內。整個小乘和大乘也包含在內。整個密乘與整個大圓滿都包含在內。如你能好好修上師相應法就夠了。你不需要把你的修行當成大不了的事，只要好好修。如果你不如此做，而只是很自大的認爲自己在修最高的法，自己是大圓滿修行者的話，你只是在羞辱自己。

你們有一些人有時可能有機緣扮演佛法老師的角色。一般來說，是很容易會認爲老師比學生高，所以老師在教課而學生被教。如果你有時扮演上師、顧問或指導者的話，重要的是首先要檢查你的心。當你接近法座時，你應從空性的觀點視它爲空的。當你坐到法座上教課時，在傳授前首先你應想到佛、法、僧和你的根本上師的殊勝品質。祈請他們的加持，憶起他們的慈悲，內心獻供品。在你要傳法時，以虔敬的態度想起這一切。對於來向你要法的人，你應以布施的精神去回應他們的請求和興趣。這是你給予他們的禮物，以利他的發心來供這些法。事實上，以此發心會對他人有益處，也對自己有益處。供法於他人可以淨化你的罪障和你所累積的不善業，也助你累積功德。它可以在這兩方面幫助你。而且當你在給法時，你聽到自己在傳的法，所以你也是在教你自己。你甚至可以學習從自己嘴裡出來的話。

當你在授法時，觀想你自己的根本上師或別的皈依對象在你的頭頂是非常有用的。不管你是屬於哪一個教派：白、紅、黃或花教，憶起你最有信心的聖尊。即使你對很多聖尊有信心，你還是可以只觀想一位，但想像所有其他皈依對象與這一位同一本性，他們都包括在這一位內。

你有信心也有慈悲心，所以做爲老師你應有效地運用這些。相反的，如果你坐到法座上是有優越感，感覺自己比別人特別，別人都只是普通人的話，這根本就不是一個佛教徒的態度。看看別人的例子。當達賴法王要傳法之前，他先走向寶座禮拜三次。他爲何如此做？他是以虔敬的態度憶起佛、法、僧與他的根本上師之品質，而且他是以虔敬和尊崇的態度來做的。他並不是向法座禮拜，想著：「這就是我要坐的位置，因爲我是偉大的聖人，所以我向自己要坐的寶座下拜。」不是的。

如果你傳法的話，以這種虔誠或尊敬的態度去教，你就不需要任何其他的花招。只要簡單就行了。但是如果你的發心是與佛法相反的話，你的教學就一點益處也沒有。這對你死亡時沒有幫助，而且還有損害。結果是一個僞傳法，這只會導致你往下道去轉世。

這是上師傳法時該有的態度。那麼學生呢？我在美國到處旅行，我去過學校，我看到美國學校裡學生的行爲態度。通常學生翹高雙脚直指老師，他們往後倚在椅子上，屁股對著老師的臉。以這種姿勢，他們問老師問題，老師回答問題時還要看著他們的屁股。這在美國的學校裡也許是可以的，但是在佛法裡是不可以的。並不是這種姿態會傷害到上師——不管在佛法上或世俗上——但是它會傷害到學生。某方面來說，這個國家是無法無天的，沒有法令規定學生應有的課堂姿勢。但是，這種隨便與自大的態度對學生是有害的。它對老師並沒有益處或害處，但對學生是有害的。

如果你希望學習學生在佛法裡恰當與最有助益的態度的話，你可以在已翻成英文的《虔敬事師五十句》裡找到很詳盡的討論。記得這五十句是勸導學生如何對待上師，這全是爲了利益學生。它們不是爲了利益上師。正當的行止可利益學生，淨化不善傾向與潛因，累積功德，培養學生的殊勝品質。

在西藏密宗的黃教、花教、紅教、白教四個教派中，黃教在學生虔敬上師的方法上是最突出的。他們眞的是模範。雖然我不是黃教徒，但我曾與此教團的成員住在一起七、八年，所以我看到他們的舉止是如何。

從另一個角度來說，我不是紅教徒，不是白教徒或花教徒，我是佛教徒，我對這所有的傳承都有信心。我不是在聲稱對它們有知識或了解，但我倒是對它們都有信心。我對黃教的讚美，不是暗示其他教派是不好的。他們的行止也可能是很好的，但我發現黃教徒在這一方面的修法上特別顯著。

當然，其他三派也知道學生如何對待根本上師。但也許因爲不同教派在西藏不同地區比較盛行而受到影響，所以你會在這四個教派中看到一些差別。例如，黃教在西藏的首都拉薩地區非常盛行。拉薩社會著重禮貌，他們非常有教養。他們是很通世故的人，而這個影響了在那兒最盛行的教派，也就是黃教。如你到西藏別處，如歌洛、西康或在西北的安都，就不會有這樣的禮貌和禮節。這些區域是紅教和白教盛行之處。因此，也許這些傳統是被所在之處的社會所影響。我自己是從加容來的，它是在西康、安都一帶，所以我並不是在一個擁有非常文雅文化的環境下長大，我沒有學到很多禮節。如果你能對根本上師禮貌地對待，那是件很好的事。同時，重要的是你對根本上師的外在禮節行止，並非只是表面的或做作的，我認爲重要的是誠實、純淨和尊敬。

◆第5章 觀照之自然解脫：法性中有過程經驗教導

在這第五個主題裡，法性中有過程（實用教法，如孩子爬到母親的腿彎上，有關自我顯相之信念），教導觀照之自然解脫。生命中有過程之教法是關於基礎之自然解脫，禪修穩定中有過程之教法是關於覺識之自然解脫，與其他等等是關於檢視原本純淨法性之存在本質以達到確認，然後去修習。它們被稱作「立斷至基礎之全套」。藉著指認能直接見到法性的覺識且習慣於它，你現在能確定法性中有過程之顯相，那就叫作「頓超之解脫途徑」。它有四個論題：一、椎擊身、語、意要點。二、藉三要點「直接觀看」降臨自身。三、藉由修習，四種光景之生起。四、最後忠告結語。

第一個和第二個中有過程等等的修法，是爲了了悟法性中有過程。這和在六度內的前五度是爲了培養第六度（智慧）是一樣的。

椎擊身、語、意要點

椎擊要點有三部分：一、身要點，二、語要點，三、心意要點。

身要點

身要點有三部分：一、化身仙人坐蹲姿，二、報身睡象姿，三、法身如犬之獅子坐姿。

《聲之穿透主密經》敘述：「以法身獅子坐姿，行者從一切欺妄恐懼中解脫，行者以金剛眼視物。藉著報身睡象姿，行者以法性顯化，以法眼視物。」㊿

《珍珠念珠》敘述：「身體姿勢有三要點：獅子、象和仙人姿。」

當天空晴朗無風，不超過七個學生，領你的學生到一僻靜地方。第一，以法身獅子如犬坐姿置身，放置兩足心著地，手握金剛拳，大足趾微抓地，挺直上身如獅，放置力量於喉間，導引你的感官於對象上。

這個訓練必須在天空完全晴朗、無雨、無雲、無薄霧時做。你可能需要離開城市才能做好這個修法。「放置力量於喉間」是把頸子微彎，一面把下巴往下，同時把頸背拉直。「導引你的感官於對象上」，被導引的感官是你的視覺或你的注視。

這階段的修法是大圓滿的「頓超」，傳統上只傳授給少數幾個已準備好的學生。他們已完成所有的前行法，他們已修過氣脈的修法，他們已修過生起次第與完成次第。他們在「立斷」上也受過訓練，這是需要在耕耘禪靜與洞察上有一些經驗。有這些基礎的學生才適合這較高階段的「頓超」。

這些較高的教學不是針對什麼是皈依都不懂的人。爲什麼我公開傳授此法？有幾位偉大的現代喇嘛說目前是傳授這些法的時候。揚唐仁波切、吉美彭措法王和烏金庫松鈴巴法王等，都說目前是公開傳授六種中有過程教法的時候。當初尋出這法的卡瑪鈴巴自己也寫了禱文，祈願在後世末法時，當衆生的行爲違背佛法時，這些法可以發揚光大。如此，目前就是公開這些教法的時候了。

但如果你只是以玩玩的態度或是好奇心來研究這些法的話，這就會導致你轉世到惡道中。即使你不去修這些法，但只要你以信心來聆聽、研究這些法，你就會得到解脫之種子，這是有大助益的。所以，不要違反以上所說的，不要勸告你的佛法朋友不去接受這些大圓滿法，只因爲你認爲這些法對他們來講是太高或太密了。請不要違背這些偉大喇嘛的忠告。

例如，《中陰身救度法》說到，單只以信心聽聞如此的教學，證悟之種子已種在心流中。

如此，不要讓心存懷疑的人阻擋他人去拿這些法的機會。這些心存懷疑的人，並沒有尋寶者卡瑪鈴巴的智慧。記住是他說在適當時候應該公開這些法。這些教學是非常珍貴的，在你死亡時會有很大的利益。無論如何，不要在修行上互相阻擋。

第二，以報身睡象姿，身體向下臥如象；以兩膝抵住前胸，兩脚趾朝後，以雙肘撐地，喉嚨微提高。

第三，化身仙人坐姿，置身如蹲姿；併攏兩脚足踝，置兩足心於地，讓身體挺直，將膝靠攏於前胸，交叉雙手抱住兩膝，脊柱挺直。

以椎擊身體三種重要姿勢，你就椎擊了身體內覺識之原本智慧所在之重點，使它們可被直接看到。這就像雖然蛇有足，不去擠壓它，足不易顯露。

語要點

語要點也有三部分：一、訓練言語，二、靜止，三、堅定。首先，訓練講話一日不超過三、四次，然後逐漸減少說話量。第二，靜止，完全切斷話語，不和其他話語混合。第三，堅定，好像啞巴般不說任何話。

意要點

不要讓你的覺識分心他處，不要讓覺識離開集中焦點。

藉三要點「直見」降臨自身

這裡有三個部分：一、門竅要點，二、對象要點，三、生命氣能要點。

門竅要點

門竅要點就是眼睛。

《聲之穿透主密經》敘述：「談到門竅[51]，以三身之眼視觀看。」

《無字經》敘述：「談到眼睛，注視空間之領域。」

《珍珠念珠》敘述：「談到門竅，不要從此移開。」

《涅槃蹤跡》敘述：「門竅要點是向上、向下及向旁注視。」

這裡分三部分：眼睛轉動向上之法身注視，目的是為了立刻止住欺妄假象；眼睛向旁之報身注視，目的是為了看見原本智慧的純淨光景；向下之化身注視，目的是為了控制生命能和心意。因此，不要離開這三種注視，這即是門竅之要點。

在法身注視裡，你微把眼睛往上轉動，但不是到你看起來好像死了。有一些喇嘛上師教導先置身於任何一個上述的姿勢，然後以舒適來決定任何一種注視。但是根據傳統，這些姿勢與注視是相互配合的。也就是說，法身注視是配合法身姿勢等等。

對象要點

這裡有兩部分：外在絕對本性和內在絕對本性。《聲之穿透主密經》敘述：「絕對本性有內外。外在以無雲晴空認知，內在以明燈之脈絡認知。」

《光明燈》敘述：「藉由放置你的覺識在外在絕對本性中，你自己的覺識在自己的狀態中淨化而顯示。」

《自生覺識》敘述：「絕對本性是一自然的光圈。」

《涅槃蹤跡》敘述：「對象要點是無條件限制的虛空。」

這外在絕對本性是無條件限制的虛空，內在絕對本性是完全純淨絕對本性之燈。由於虛空是顯現給空覺識的對象，藉著集中於對象要點上，原本智慧自由生起。

生命氣能要點

這裡有三部分：持、吐和輕柔的穩定。

《聲之穿透主密經》敘述：「無論如何要對生命氣能輕柔。這發生在完全吐氣的時候。」

《涅槃蹤跡》敘述：「生命氣能之要點即是要非常輕柔。」

首先，輕輕地持氣，然後像射箭一樣遠遠地把氣呼出，然後非常輕柔地讓生命氣能自然安住。至於覺識之要點，困住金剛鏈縷串。

《無字經》敘述：「本質生起如金剛鏈縷串，細微、閃爍、急速跳動。」

《自生覺識》敘述：「五智慧之光體，光耀地以金剛鏈縷串顯現、來去、急速跳動、遍布。」

《獅子圓滿力量》敘述：「自顯覺識之真相，是以原本智慧之金剛鏈縷串現前。」

「困住金剛鏈縷串」，就是把它給扣住。你一定要從事此修法至少幾個月，才能了解金剛鏈縷串的意思。在此修法中，透明的光流、形相或圖案在你的視野內出現。它們是閃爍、細微、急速跳動和透明，這些金剛鏈縷串是覺識之原本智慧的外在顯示。在這些金剛鏈縷串顯相之後，各種明點也會出現，在其內會出現彩虹光和你的本尊相。連續的同心球體也會在這些明點中出現。這些明點的光景是原本智慧的創意表現，而金剛鏈縷串就是覺識本身。我再強調一次，你只有從實修中才會體驗出這些教學的意義。

要得到此經驗的類似感覺，你可以瞇著眼睛斜視一盞燈。你可能會看見某種光的圖案在你的視野中生起，這是在眞正「頓超」修行內會生起的金剛鏈縷串的先兆。在此修法裡你要注視光源，如月亮。「頓超」教學裡說到：「當太陽從東方升起時，你應該面向西方。當它是在西方時，你應該望向東方。」這是保護你的眼睛不要受到傷害。在修「頓超」時，不要直接看太陽，因爲你會瞎了。甚至直接看蠟燭也不太好。看一盞昏暗的燈是沒有什麼關係的，你會得到某種光景的生起，但是不要把這個誤會爲眞正的「頓超」修行。

《涅槃蹤跡》敘述：「困住覺識之金剛鏈縷串。」

> 如此不離三要點，觀察覺識之金剛鏈縷串。首先，修許多短課，然後繼續修較長的課。然後，每天日夜在特定時間修習。你在一個半月內就訓練好。

通常是建議我們修習短課，然後漸漸的進展至較長的課。但很多人正好相反：他們開始做長的課，然後課越做越短，直到他們根本不做爲止。開始時應修很多短課，漸漸的增長做課的時間與減少做課的次數。你可以增加至一個鐘頭的課、一個半鐘頭的課、兩個鐘頭的課、十二小時的課，然後是整天的課。這是過去的上師所遵守的策略。如果你能這樣好好修，一個半月後就能完善此修法。

依法修四光景生起法

這裡有四部分：現見法性光景、覺受增進光景、最高覺識光景、滅入法性光景。《涅槃蹤跡》敘述：「由於現見法性光景，執著於思惟之觀點消融。由於覺受增進光景，中有過程之原本智慧顯現。由於最高覺識光景，你能認知報身。由於滅入法性光景，你能得到無作之大圓滿果位。一旦能如此到達基礎和道途之極點，無須在他處尋找涅槃。」

現見法性光景

靈修上師教導：「如此實行身要點，如此實行語要點，如此實行意要點，專注於此。」如此修行，不依賴語言和理智分析的增添，學生直接看到的對象是虛空中法性之覺識光景，不受強迫概念的染污。故稱為「現見法性光景」。

這些光景是不受任何觀想的增添而直接生起的。例如，在生起次第的修行內，加很多的觀想在你的經驗上，你加諸宮殿、在宮內的本尊眾等等。你也加諸語言，如法本的文字，因此，你是以文字和觀想來製造這經驗。在其他種類的修法內也有如此的增添。

相反的，在「頓超」內，光景的生起是不依賴如此的增添，不管是觀想或念誦。它的生起是以虛空爲基礎。光景是在此被體驗到，而且它是不受強迫概念或一般思惟所染污。故被稱爲「現見法性光景」。大圓滿修法被如此敬畏的理由就是它的直接性。它沒有強迫性概念做媒介，也不依賴概念或語言的增添。

《聲之穿透主密經》敘述：「現見法性光景確實是從感官的門竅出現，而且是在無雲晴空中光耀。」

如此遵照要點修習，在雙眉中間有所謂的「原本純淨法性之燈」。它像虹彩或如孔雀羽毛的眼睛出現。在其內有所謂的「空明點之燈」，像是投石入潭之漣漪。

在這一個階段的修行內，你可能會看到白色或藍色的光環或光圈。但不是所有的人都看到同樣的東西。每一個人所能經驗的是根據個人的體質，所以因人而異。

在圓盾形狀中央出現一明點如豌豆或芥子般大小。在其中有所謂「覺識之金剛鏈縷串」，像是打結的一縷馬尾一樣細，像一串珍珠，像一條鐵鏈，像格子狀花環在微風中搖曳等等。所有這些是以兩個或三個的組合等等出現，它們被稱為「你自己覺識之金剛鏈縷串的唯一明點」。

在這階段的修行內，你可以看到很多細小的光泡沫。它們是數不盡的，而且以不同顏色顯現。它們都是沸騰、閃爍、快速跳動、到處浮動。它們並不是出現在你面前虛空中獨立的「外存在」。相反的，這些光是因爲你自己身體內的生命氣能運行而顯現。一旦你逐漸平息與降伏你的生命氣能，這些光景也會安靜下來。

很多不同種類的光景可能會在這階段的修法內生起。這些小光縷串更像髮絲或光線在你的視野中。有時當你注視它們時，它們的數量可能會減少，有時它們變得更密集。有時它們是直的或彎的，然後它們可能會變成圓形。它們會以這些不同的方式變換。

絕對本性和覺識不是連在一起，也不是分開的，而是像太陽和光線般的方式現前。

絕對本性的指標是光環，原本智慧的指標是明點，覺識和佛身的指標是金剛鏈縷串。至於它們的所在處，它們在心際52中央現前。至於途徑，它們直接在感官精髓的眼睛中顯現。

《聲之穿透主密經》敘述：「現見法性光景確實是從感官的門竅出現，在無雲晴空中光耀。」

如此，分析的觀點，包括執著於思考、語言、理智了解等等的觀點皆消融。

《涅槃蹤跡》敘述：「由於法性之直見光景，促成執著於思惟的觀點消融。」

覺受增進光景53

在光景經驗與認知經驗間，認知經驗以不同方式生起如樂的感受、明晰的感受和空的感受。認知經驗不穩定且短暫，在不同乘中是共通的，而且是不被強調的。再者，像大手印的傳承也說認知經驗像霧一樣，不應把信任放在如此經驗的價值上。反之，行者應最為重視了悟的價值。這裡，了悟的價值標準是決定於光景經驗，由於光景經驗不是過渡性的，它們應最被強調。

如此，因為修習光景經驗的結果，有時絕對本性和覺識變得清楚而有時則不。再持續修下去，絕對本性和覺識在眉中間處分開，它們與感官現象分開，空明點之燈不費力地生起和接近。明點轉成豌豆大小，覺識就像鳥一樣振翅欲飛。

前面提到，頓悟的人（聽到教法就立刻證悟的人）就像金翅鳥：一旦孵出，幼鳥就立刻能在空中飛翔。從另一個角度來說，我們一般人比較像小孩一樣，我們需要經過不同訓練的階段：聽法、了解見地和實修。漸漸的，證悟會生起。

> 繼續修下去，五色光的光景轉化成無組織片段方式出現，直的、橫的、像矛尖、類似黑犛牛毛帳棚、猶如棋盤方塊，這些光在你面前遍布一切。而且，明點也轉變成看來像鏡子，覺識像奔跑的鹿一樣顯現。
>
> 繼續修下去，絕對本性的光景以珠寶格子、窗格、全格和半格的光，交錯，光耀，像矛尖、多層的佛塔、千瓣蓮花、光環、日月、宮殿、劍、金剛杵、輪子或如魚眼的形狀顯現。而且，這光充滿你居住的環境。明點變得像銅碗，你的覺識像是在甘露上盤旋的蜜蜂。

這一切光景的外觀可能以單一或多數的形相出現。重點是不管什麼現起，你不要對這些顯相太在意。不要以貪愛或厭惡來回應。單只是看著它就行了。

繼續修下去，光滲透環境，明點變得像犀牛皮做的盾一樣，光遍布所有你能看到之處，而且絕對本性與覺識日夜顯現。在每一個明點內出現本尊之身，而且個別的細微聖尊身在覺識中生起。覺識保持不動。

這些本尊可能在組成覺識金剛鏈縷串的明點中出現，這時，「覺識保持不動」。

當如此顯相生起時，中有過程的顯相就是以這個方式來決定，所以不會有以後的中有過程54。如此，法性中有過程的修法就是此主要修法。

《聲之穿透主密經》敘述：「在覺受光景增進時，原本智慧的色彩以直的和橫的出現；明點清楚地以不同神聖化身顯現，而且光明環境向覺識顯現。」

《涅槃蹤跡》敘述：「藉著覺受光景之增進，中有過程的原本智慧顯現。」

不同的問題會在認眞修行中出現。首先，你可以好好聽法來減輕一些問題。但如果你純粹是爲了利己而修行的話，你永遠不會有任何成就。過去無數偉大的證悟者沒有一個是以自我中心而得到靈修的證悟。那不會成功的。從無始以來我們已在輪迴中打轉，就是自我中心在延續輪迴。它是問題而不是解藥。它是以貪愛和厭惡的表現顯示。依據貪愛和厭惡的原則而活著，是與佛法不相容的，這甚至對成就世間法也不相容。我們應該摒棄貪、瞋、癡三毒，就像對待毒蛇般。特別是貪執的毒一定要去除。只要你能盡量在沒有三毒的影響下生活，你就會成就靈修與世間的目標。很多人問我如何提升他們的靈修，從他們的談話中，我發現貪執和厭惡的表現。我可以保證只要人們持續培養這些心毒的話，他們的靈修不會進步。只要你還是依據貪執和厭惡的原則而活，佛法的四聖諦就無意義，佛法的轉心四念也無意義。六度裡的頭五度也無意義。它們全都浪費掉了。如此的話，沒有必要做為一個佛教徒。佛法在你身上是浪費掉了。

最高覺識光景

然後藉著持續修習，五方佛父、佛母在前述之每一明點中顯現。他們是無可計數和不變的，他們達到最高數量，好像是越積越多，以手或斤數都數不盡。然後你甚至可以停止禪修。那時候，你的身體將解脫入淨光，元素進入其自然純淨中，你物質身體的五蘊在其自己的狀態中得到解脫；顯現而非實存，你自然解脫成報身佛；而且當報身佛被赤裸地認知，佛身之執著就在自己的狀態中釋放。

爲了生起下一階段的經驗，你必須持續修。不要放棄，它會發生的。一直修下去，五方佛父與佛母聖身在前述的每一個明點中出現。在前述的光景中有很多明點布滿你的視野。在每一個明點中，你看到五方佛父母的聖身。一旦你達到這個階段的禪修時，就不需要再禪修了。從此以後，經驗會自己生起。

這就像耕種。一旦土地耕耘以後，播下了種子，當太陽出來時，農夫就可以放輕鬆。現在，一切會按照自然的情況而發展。同樣的，一旦你的小孩長大，他們就不在你的控制之下，所以你可以放鬆，只要觀察所發生的。同樣的，在這靈修發展階段中，你只需要放下一切和放鬆，其他的靈修進展會自發的發生。

此時，你自然解脫爲報身佛。而且，不再會有「我是報身」的概念。這一切的執著都被釋放，你是在自己的狀態中自然解脫。

《聲之穿透主密經》敘述：「在最高覺識光景中，報身佛大小印記清楚顯現，而且從彩虹不定的色彩中，五方佛部眾本尊及空行母顯現。五方佛父母與光耀明點結合，而且由於本尊佛父母雙運身顯現，欺妄顯相融入純淨界。」

《涅槃蹤跡》敘述：「由於最高覺識之光景，報身被認知。」

滅入法性光景

在這些光景的經驗中，對顯相或非顯相的執著是沒有本質的。當這些光景的進展結束時，在其時生起所謂的「滅入法性光景」。經驗滅盡，肉身滅盡，感官的執著滅盡，欺妄念頭集合滅盡，所有哲學教條和欺妄顯相滅盡，然後你的肉身消失而成佛。

這稱作「滅入法性」，因這包括了活動、欺妄顯相和覺受光景增進之滅入。它被稱作「滅入法性」，但它非不存在如虛無主義，後者是滅入虛無之中。反之，原本智之智與殊勝品質顯現出來。簡單地說，三身品質之力被帶入完美境。

這時已沒有「這是顯相」或「這不是顯相」的感覺。沒有不純淨，也沒有「這是純淨」的感覺。一切如此概念組成全被超越了。

被滅盡的「經驗」是直到目前所生起的不同光景。執著於視覺、聽覺等所有五官的對象也滅盡了。「肉身」是指被我們過去業力與心結所創造的這個不淨染身，它也消失了。在此時，所有一般眞理都滅盡了。但不要誤以爲這是虛無。並不是每樣東西只是變得虛無。在法性中證悟品質充分發展潛在力，這包括佛的證悟境界的無限能力。說一般眞理已消失就像說所有的雲在清澈天空中消失，但不是說太陽已消失。從另一個角度來說，你不會執著於天空，認爲：「那是眞正存在的。」那種執著只是另一種極端（永恆之極端）的表現。法性不落虛無之極端，因爲它不是虛無。而且既然法性不能被執著爲眞正存在的，它也不落永恆之極端。

「原本智之智慧」有兩種：如所有智（如來本體的智慧）和盡所有智（所有現象的智慧）。如所有智（本體的智慧）是如來眞相的智慧，盡所有智（現象的智慧）是整個現象的智慧。在佛境中，這兩種智慧達到完美，同時數不盡的潛在證悟品質全顯現。

如此，在看到「現見法性光景」，藉著依賴絕對本性和覺識被提得越來越高的「覺受增進光景」，覺識就被帶入「最高覺識光景」，你經驗到三身的淨土。像滿月[55]或已達最大力氣之體格，當覺受的增進停止時，智力滅盡，現象滅盡，執著滅盡，這就稱作「滅入法性之光景」。

你也許想知道大圓滿的「滅入法性」與經典乘五大道的最高途徑和品質二者是否一樣。它們並不一樣。即使一個人已達到經典乘的五大道和十個菩薩地的六千品質完美最高峰，他仍不能看到密乘全部的品質和力量，而這些也未達完美。所以「滅入法性」和最後途徑之間有一大段距離。

《聲之穿透主密經》敘述：「滅入法性之光景是覺受光景的空寂。身體滅盡了，感官對象滅盡了，妄念頭總集自然解脫，然後和語言基礎的文字分離。」

又說：「如此，在身體延續停止後，污染的五蘊消失，成就顯化佛果。」

如果你種下蘋果的種子，你照顧它直到樹長大爲止。之後，你就不需要往別處去找蘋果；你先是有種子，然後你培育它，最後你就在原地得到果實而不需要到別處去找。同樣的，我們自己身內已有佛果的因，我們也有珍貴的閒暇人身。基於這個關係，我們也有從事聞思修的機緣。以本身已有的因、珍貴人身以及不同階段的修行，這些條件相會合，我們可以獲得完美證悟之果。

我們可以從廣泛的經驗知道，單只有因而沒有條件來促成是不夠的。毅力是證悟的重要條件。就是這個讓「因」達到完全成熟。

《涅槃蹤跡》敘述：「由於滅入法性的光景，大圓滿不落行動的果位已得到了。如此當基礎與道途達到最高峰，不需在他處尋找涅槃。」

這是大圓滿的最高途徑。此後，無須再尋找涅槃的品質和其他途徑。這是最終極。即使達到較次乘的最高途徑，假如密乘品質之法門無法見到，行者還須進入密乘在聽聞和思惟上訓練。如是，即使一人已達到經典乘的最高成就，卻尚未能達到密乘的最高層。因此是一切道途之最高極點，沒有超越它的了，所以地是圓滿的，道也是圓滿的。由於沒有更高之道故稱為「大圓滿」。這即是四種光景顯現方法的教學。

最後結論忠告

建立基礎於三不動中，建立三個姿勢之準繩，以三種成就椎擊釘子，和圓滿信心之四境界。這些在別處敘述得更詳盡。此即是法性中有過程的教導，稱作「觀照之自然解脫」。三昧耶。

封印。封印。封印。

◆第6章

受生自然解脫：受生中有過程經驗教導

在第六個主題中，受生中有過程（實用教法好比將還未完工的中斷的運河接通水道），受生自然解脫被傳授。這些受生中有過程實用教法，是為了那些尚未看見四種光景及尚未認知法性中有過程的人，他們就像是完成未完成的事業，猶如將中斷的運河接通水道。

以聖身關閉入胎之門

如果你現在是觀修聖尊的人，當中有過程景象生起時，例如雪、雨、冰雹和被許多人追逐的顯相，只要你憶起本尊清晰顯相，這一切會生起為你的本尊。為訓練這種能力，在一僻靜處獨修，如此思惟：「這是什麼？有關這些目前景象，我現已死且正漂泊於中有過程中；所以此處、這些同伴和這些模糊不清的景象，是受生中有過程的現象。先前我因未能認知中有過程，使我繼續漂泊。現在我將生起本尊之身。」以這個念頭，想像外在環境是純淨佛土，其內之衆生即是你純淨本尊的眷屬，聲音為你純淨本尊之自然聲音。之後，均勻地放置你的覺識在「無所緣」的經驗上。如此反覆修習，當受生中有過程生起時，首先，你會認知那個中有過程。然後，在憶起生起次第時，受生中有過程將會生起為聖身，母胎之門將被關閉，而你將得到持明者之境界。

「中有過程景象」發生在死亡後。例如，如你在中有過程中持淨觀於雪或雨，它們就轉成花朶落下。你的身體與周遭的一切以你的本尊身生起。以這方法你會得到解脫。但單只是被這觀念吸引是不夠的，你需要以聽聞、思惟與禪修的程序來修。

我們已經歷死後中有過程百萬次、幾十億萬次、幾百萬兆次。也就是說，我們過去已死無數次，所以我們已曾經歷中有過程無數次。現在的訓練是去想想目前的經驗實際上爲死後中有過程的經驗。這是爲了抵消你過去的傾向，把非實存的執著爲實存的，以及把虛妄顯相執著爲眞實的。這是在活著的時候該修的「散漫禪思」。

那個修行與生起次第和完成次第相配合。首先，爲了抵消虛無之極端，你想想自己與周遭一切爲純淨的。然後，爲了抵消恆常之極端，你以完成次第來配合先前的生起次第。死後當你快要再轉世時，你將會認知中有境爲中有境。一旦你成就持明者之境，你可以去任何想去之處，如任何的淨土。

如果你看到人或動物在交合，或者見到美麗女人吸引你，一旦愛欲生起時，如是想：

「啊！我今漂泊受生中有境內，我正準備進入母胎。所以我將關閉進入母胎門。」

阻擋將入胎者

一旦愛欲強烈生起，以瞬間完全的回憶，鮮明地想像自己為本尊身。當你熟悉此訓練，一旦你在中有過程內看到一男一女在交合，如你是要投胎為雄性身則對男身起嫉心，對女身生愛欲。如你是要投生為雌性身則對女身生嫉心，對男身起愛欲。在此時，如你熟習生起次第修行，取代生起嫉心或愛欲，你將憶起自己為直立之本尊身。那個觀想、強烈愛欲之生起、母胎門之關閉與你成熟為本尊身是同時發生的。

因此，當目前有一美麗女子，浪漫綺語和情挑動作，或在生起強烈愛欲時，讓這個做為觸媒，使你鮮明地憶起自身為本尊之清晰顯相。如此，不需拒絕愛欲，它可幫助你。無論愛欲多強，以本尊之生起次第訓練，你將無疑能在中有過程中得解脫。

「有一美麗女子」是針對男人，女性的話就交換性別。這教學是我們目前應該修的。在這類修法內，你想像自己已在死後中有過程內，然後你實踐這些修法。它可成爲你的正式佛法修行的一部分。從另一個角度來說，如果你沒有眞正修行，你只是利用佛法去勾引異性，這根本不是佛法。這只是你自己轉世爲餓鬼或入其他惡道的因。所以重要的是了解此法的正確內容。

如果你對這種有關愛欲的修法非常小心的話，你在中有過程中無疑將會得解脫。現在人們通常誤用這些修法。女人自稱爲空行母，以此放縱地勾引男人。男女對於自己的證悟程度說謊，宣稱自己精通於生起次第等等。這在美國是很平常的。在印度也有西方男人把頭髮留長，把它綁成髻，假裝已在氣脈控制的修法上有很高的成就。這種人是錯誤的。

我們是可能修這類眞正的法，但重要的是小心的修，並且完全沒有任何欺騙。大致上來說，我們無法控制自己的心，如果我們在此生中缺乏控制的話，那麼在死後就更沒有希望了。當我們在中有過程內漂泊，我們會被過去的行爲與習性所推動。在中有過程中會有大恐懼和苦痛生起。我們會感到失去了身體，而急切期望得到一個新的身體，這會驅使我們去尋找一個可進入的母胎。我們可能看到不同種類的衆生如動物在交合，而這個渴望會導致我們轉世爲動物、餓鬼或地獄衆生。一旦我們屈服於這個欲望就不會解脫。甚至想要得到人身都很難。

如你看見任何男女交歡相，一旦愛欲嫉心生起，自言：「我現漂泊中有過程中。啊，當受生中有過程顯現時，我將維持內心專一觀想，我將努力完成殊勝未完成之事業。一旦阻斷入母胎之門，警覺掉轉捨胎門。此刻正是熱切淨觀之時。」讓自己習慣鮮明去想男女為本尊佛父佛母雙運身，觀想他們，尊敬他們，生起誠懇心願得到灌頂。即使你未看到交歡相，想起它，而在憶起你的本尊之清晰相時，生起次第就會幫助你，受生中有過程入母胎之門將會關閉。如此，這是甚深法。三昧耶。

前面兩個修行，阻擋將入胎者與阻斷受生之門，是針對已把自己觀想爲本尊的行者。爲什麼要如此觀想？是爲了兩個目的：以此修行可在此生死亡前得到普通成就與無上成就。死後，此修法能做爲準備讓我們得到無上成就，也就是完美證悟。不管你是在這一世內或是在死後中有過程成就了這些目標，你就成全了自我的益處。你也有能力去服務他人之需求，所以他人的利益也被成全了，而且這也是服務佛法。

觀想根本上師雙運身關閉受生門

當你見到交歡情景，回憶一個會引起愛欲之對象，或當你的愛欲強烈生起時，想像你的愛欲對象是烏金蓮師和佛母耶雪綢加擁抱雙運身。驅除嫉念而以尊崇虔敬心代替。強力想像接受四灌頂，特別是回想第三灌之意義，記起俱生真相，你將關閉入胎之門而在中有過程中得解脫。再者，去除嫉念，然後禪觀根本上師與佛母之雙運身。至此正是至誠淨觀時。如是。

第三灌是當你以食指去沾紅粉然後用它去碰你的胸中間，象徵方便與智慧的雙運。這些修行可促成空性的了悟，不管是在生起次第內或是在死後中有內。

以修習四樂關閉受生門

熟習《下門大樂教法》，然後尋得條件具足之「法印身」，相偕至僻靜之地，觀想「法印身」為幻身。然後你和「法印身」應認自身為本尊身。首先，有關身體修法，互相不時交換短暫的愛欲眼神。有關聲音，則說浪漫之語或一些能引起愛欲的對話。有關嗅聞，則聞嗅蓮花與「法印身」之香味。談到味覺，則吸吮冰糖和生糖。談到觸覺，則撫弄、按摩與吸吮胸乳，輕柔擁抱和搔癢，摩擦蓮宮中央。脫衣互看蓮杵生起愛欲。當「法印身」充滿欲望時，愛欲被撩起，金剛杵已準備好，可以向蓮宮獻入。在上下移動深入之後，保持空的感覺不去移動。再輕柔地移動，不失去前述經驗，初樂生起並被認知。以那個感覺，完全住留在空樂狀態中。如果樂感好像在退減，再根據你的經驗強烈地移動抽送，喜樂增強而無上樂被認知。然後無二俱生樂空原本智慧被認知。如此修習，最好情況是在死亡時，一旦元素逐漸回收至最後融入時，從母親來之紅菩提上升，從父親來之白菩提從頭頂下降；白紅菩提以白紅二道之光景生起，之後在心際會合。無量俱生樂生起，此時意識擴散而你感到輕飄飄，內呼吸停止。如果一個人曾經修習四樂與在那時的樂空程序之道，而且在拿到第三灌時就認知俱生樂，如果此人證得此，他將立時升入無限之境。至此，這即是密法程序法門與信使法門之甚深介紹。

即使這未在當時認知，在法性中有過程內，一旦你看到靜忿雙身本尊相擁抱，你憶起與認知在拿第三灌時的俱生樂之原本智慧而得解脫。如你在那時無法認知，在受生中有過程時，一旦你看到男女交合，你將認知俱生樂之原本智慧，這是在灌頂中所經驗之樂的原本智慧，和入胎之門將關閉。然後你確定會在中有過程中得解脫並成就持明者之境。

所以，由於這是較其他密法具更深且迅速成就之法，目前，不必管一般人將怎麼說，熟習訓練《下門大樂教法》，那是中有階段教法的主要部分。於是，重要的是能找到一個合格年輕配偶來訓練此大樂法門。至於細節可在《下門大樂教法》中知曉。這是以愛欲之道關閉受胎之門，是為了幸運俱足的上等修行者[56]所預備。三昧耶。

以禁戒對治爲解脫道關閉受生門

這是為珍惜誓戒的居士、沙彌及比丘，當他們看到男女交歡或憶起愛欲對象時，就強調修不淨觀或強烈摒棄。在中有過程內，當他們看到男女交合時，他們將憶起他們的訓練與摒棄。他們因此不會進入胎門，或者他們會受生進入一完美的母宮而得到幸運轉世。這個法門稍遜於前述法門。三昧耶。

「不淨觀」是觀察或想像身體不同的組合：如血、脂、肌肉組織等等。這是抵消愛欲的一個禪修法門。是針對禁欲的行者。這是他們持守純淨道德戒律的誠意表現。如此出離者是以此禪思去抵消延續輪迴之因的愛欲。但如此的行者不應視有男女關係的人爲較低的，他們也不應以厭惡的態度對待這些人。如此出離者觀察愛欲之對象，強調對象的不淨，而不是直接在心中對治。如此，他們改變對異性的看法而間接抵消自心的傾向。

不管你從事哪一種修行，你應該爲這一世與未來世的利益而修。它應該是利己和利他的。它應該是輪迴中痛苦延續的對治法。如果它不能對治痛苦的話，你爲何要修行？如你不斷在此修法上進展，你可能成就普通成就與無上成就，也就是得到佛果。

此時，我們應該對這些修法有相當的了解。我們目前的狀況是我們還在輪迴中漂泊。當我們經歷好運時，我們通常是狂喜雀躍。這表示我們在面對歡欣時缺少耐性。在逆境時，我們經歷極度的悲哀。在面對順境和逆境時的極度誇張情緒反應，都是源自我執和自我中心。

想要眞正有效對治自己痛苦的人，我建議你研讀寂天菩薩的《入菩薩行》。它給受苦的人非常實際的忠告。此外，思惟轉心四念、四聖諦、業力與其果報，可減輕你的痛苦。這良藥可解你的痛苦。別的輔助教學可在原名《轉順境和逆境入修行之道》中找到，它的英文譯名爲《亙古的智慧》（Ancient Wisdom）[57]。

特別在美國，當悲劇打擊時，人們通常會說：「爲什麼發生這種事？」或「怎麼可以發生這種事？」「我不相信這個會發生！」或「我簡直很驚訝這個會發生！」像這樣不能承認與接受逆境並不是件好事。這是從我執而來的，是源自五毒：貪、瞋、癡、慢、嫉。我們被這些五毒所占據。在這五個當中，四個爲部長。癡（妄念、無明）爲王，貪、瞋、慢、嫉就如國王的部長，其餘八萬四千種心結是國王的臣民。當我們認爲「我是特別的人」時，那個我執帶來痛苦和下三道。聽聞、思惟與禪修之道，是爲了讓我們可從這些心結和其帶來的痛苦中解脫。當你的心結罪障消散時，你自己原本智慧之太陽就會照射出來。

有些已是老師的人，你們很重要的是不應自大。相反的，我們需要慈悲的老師。首要的是發心。不管是聽聞、思惟或是禪修，發心都是最重要的。有不同的發心。有高尚的發心，也有不高尚的發心；有善的發心，也有不善的發心。當然，在這些當中，我們需要引出高尚和善的發心，大乘的發心，特別是菩提心。這發心可以抵消自我中心，而產生利他的發心。但是如果我們以自認爲特別的態度來傳法、著書或辯論的話，這只是一個羞辱。

以淨光修習關閉受生門

修習大圓滿「立斷」的教法，並且融入空性了義之上根器行者，將在死亡中有過程時認知基礎淨光，無中有過程而前進至無限法身。即使是最起碼的行者，當他們在受生中有過程中看見男女交合時，空性和淨光的真相將會在他們心流中鮮明生起而得到解脫。三昧耶。

要了解這一句話的意思，你應溫習夢境中有過程和針對虛妄自然解脫的修法。熟習本尊生起的行者，在死後中有過程中，當你看到男女交合時，就是觀想其爲上師與佛母雙運的時候。藉著憶起和從事你在生起次第內的修法，你就能得解脫。如果你在完成次第或大圓滿修法中得到很好的經驗，只要你能在此時帶出空性的了悟，你就會在受生中有過程中得解脫。

以幻身修習關閉受生門

現在一旦你熟習於幻身顯相自然解脫法門，當中有過程中恐怖相生起而且入胎之門顯現時，如幻三摩地將在你的心流中生起，而你將得解脫。

這是指前面的夢境中有過程和幻身修法。記得有兩種幻身，純淨與不純淨幻身，是在夢瑜伽內培養的。這一切的要點是去看你的身、語、意和所有其他事物爲幻相。

總集所有這些修法的要點，生起次第的行者訓練看一切生命中有過程內的顯相為佛父佛母的本性，完成次第之行者訓練清楚地看一切顯相為自生、原本智慧和空性。再者，經由訓練把所有顯相當作鏡中反映，顯現但無與生俱來之自性，如此顯相和空性是不可分割的，日間欺妄顯相將生起為淨相。基於此，其人不會執著於夢的實存，其人將能認知夢境為夢境或者夢境會以淨光生起。由於那樣，中有過程欺妄顯相將生起為淨相，其人將在中有過程中得解脫。

此修行從白天開始，培養淨觀以及將所有經驗視爲幻相。在白天嫺熟於此，會留下印痕在你的心流中，而這些又被帶入夢境中，如此淨相也在夢中生起。夢中的熟習又被帶入死後中有過程內。以此方法可以了悟中有過程爲中有過程，因此，你可得解脫。重要的是這樣的修法是爲了自己和他人能從輪迴解脫。

在白天，我們自然看到一切顯相爲不純淨的。這個傾向被帶入夢境中，因此夢也被視爲是不純淨的。因爲這個傾向，死後中有過程的顯相也被視爲是不純淨的。這一切是因爲我們自己心的習性。

那個修法著重於不斷地、均勻地把你的覺識歇於當下清新顯相的無修飾原本純淨經驗中。如果念頭生起，以四種大解脫方法的信心覺照它們。培養不管什麼現起都是自生和自解的感受。此外，如此想：「所有這些目前顯現的事物，是我死後在中有過程漂泊時所顯現之事物。它們是不穩定與混亂的。這些事物也是在受生中有過程中，而且已出生和活動的衆生也是中有過程內的衆生。此生命氣能的咆哮之聲、雷雨雪雹、黑暗、喧囂人聲、狗吠聲、歌舞、遊戲、戰爭、不同語言對話、各式各樣的行為、無目的刺耳聲音與種種的混亂，確實是中有過程。我今天和今晚遇見的同伴、親戚和一起旅行者也都死了，而且和我一起漂泊在中有過程中。他們非實存，如夢如幻，他們無客觀存在或實存。」

顯相之「無修飾原本純淨」並不容易了知，因爲我們固執地辨別好與壞，把眞相分類，以自我中心的想法去建構事物。結果，有些人試著歇在覺識的無結構、無染污的狀態時，他們因爲坐得太直和憋住氣而把自己搞得太緊。這並不是無造作的狀態，而又是一種造作的狀態。從另一個角度來說，有些人認爲，歇在無造作的覺識中，就是以完全隨便散漫的方法去打發時間，這又是另一種極端。

把心歇於無造作的原本純淨狀態，是不追隨任何的思想，不管是善或不善的。如此，不管心裡生起什麼，你讓它來，不要對它反應、分類、回應或試著修飾它，讓它去。這就像觀察風一樣，不管風是從東、南、西或北來，它就在那兒。這就是無造作覺識的品質。是很難在修行中做到。理由之一是，我們可能只做很短的時間就感到不滿足和不信任。

當你「培養不管什麼現前都是自生和自解的感受」時，你是讓它來與讓它去。看一切心的內涵在它們的自性中。當思想生起時，它們並不是被儲存在某種內心銀行裡。如果我們有這樣的一個銀行，我們都會很富有。但是，心的內涵是自然生起，而後自然消失。

在這個修行裡，重要的是不要失去心性或心內涵的覺知。不管什麼現起，不要阻擋它。一旦你試著去擋它，你就失去了它的本性，而你就沒有在做這個修行。如果你覺得需要做某些事去讓思想離去，你沒有在做此修行。如果你感覺你需要維持這些心的內涵，你又沒有在做這個修行。這裡的修法是讓覺識歇於自己自然原本純淨的狀態中。

記得在先前夢境中有過程的修行中，即使是白天清醒時，當你在看白天顯相時，你想：「這是夢。這眞的是夢。我現在正在作夢。」同樣的，在此受生中有過程的修行內，你把白天和晚上所見到的，視爲死後中有過程內漂泊所遇到的不清楚、混淆顯相。它們有點不穩定、短暫、如泡沫顯現，這些事物是受生中有過程內的。已出生和到處活動的衆生，也是中有過程中的衆生。也就是說，當你在白天看到別的衆生、環境等等時，把他們想成是在死後中有過程中活動的衆生。

例如，在整個談話的過程中，把它視爲是發生在中有過程內的。這個思惟的目的是在白天與晚上培養對現象是無實存的不斷覺知。以此方法，我們認清自己如何因爲執著於現象爲實存而時常迷惑。

> 再次將你的覺識均勻地放在從皈依起直到生起次第、完成次第、空性和大手印的經驗上。為了習慣於此，你應常想：「這是中有過程。」甚至大聲地說：「這是中有境界。這是中有過程。啊！我正漂泊於此中有過程中。上師！上師！」有時候，反覆念誦〈祈請諸佛菩薩加被禱文〉〈中有過程要言〉〈中有險道解脫禱文〉和一些免於怖畏禱文。

反覆研讀《中陰身救度法》和中有過程的整套法。

簡單的說，訓練你的心在中有過程的佛法上，沒有比這些觀想更高的禪修。不斷地修習中有過程的觀想。接下來，均勻地歇息在心性無修飾的經驗中。以中有過程之觀想喚醒你的心流時，勤勉從事靈修。仔細閱讀《法性中有聽聞解脫》及《受生中有聽聞解脫》。好好訓練你的心在所有六盞明燈上，在中有過程的補充教法上，以及在認明中有過程上。如此做，無疑上等修行者將在此生得解脫，中等修行者在死亡時解脫，低等修行者在法性中有過程中得解脫，即使最劣等修行者，也將在受生中有過程中以完成未完成事業而得解脫。這些即是受生中有過程的教導，稱作「受生自然解脫」。三昧耶。

有時你也許會被心流中生起的不善思惟嚇倒。它們可能看起來空前強烈。事實上，如此的思想一直都在，只是你未曾覺察到它們而已。注意到它們和關懷它們是好的。首先，當不善業生起時覺察它們，然後再漸漸地丟棄它們。例如，能摒棄殺生的惡業和盡力保護衆生的生命是好的，單只有發心去保護衆生的性命，就已是修行的一部分。同樣的，避免各種的偷竊，這包括詐騙、出賣等等。再者相反的，當你做善事時，你是在培養布施。

心的明晰或純淨是可以從大圓滿和特別是培養禪靜的修法上親身體驗到。重要的是把這些修法加上向根本上師的祈禱。你在向根本上師祈禱時，把他視爲與蓮花生大士、金剛薩埵、釋迦牟尼佛、文殊菩薩等等不可分。視他們爲不可分的理由是因爲這樣可以保護你不受普通顯相侵害。一旦你認知根本上師爲佛、蓮花生大士或金剛薩埵，你就不需要再做任何其他本尊的特別禪觀。因爲我們已認淸佛爲佛。

很多有強烈意願去從事靈修的人渴望閉關。那很好。但在你可以閉關之前，重要的是你現在就可以修行。能閉關是絕對值得做的，但這並不是絕對必要的。再者，單只是閉關並不會導致頓悟。並不是如此簡單的。最實際的修行途徑是盡量把這些修法運用在目前日常生活上。讓你的修行從現在開始，而不是預期一些將來比較理想的情況。爲了達到解脫，你一定要認淸目前已擁有珍貴稀有的閒暇圓滿人身，而在此生中和死後中有過程內精進修行。

真奇哉！此自然解脫六種中有要義法，
諸佛勝者心意之綜合，
諸乘甚深教法之精髓，
經驗教誨指引衆生得解脫。
在未來一劫之末法期，
一切衆生所做違法時，
願此甚深教法解脫衆生！

願所有衆生無餘證佛果！
願六種中有偉大甚深之教法
名為《藉思憶自然解脫：六種中有過程經驗教導》
恆被教導直至輪迴盡！
三昧耶。
法藏封印。
秘密封印。
深奧封印。

以上爲成就者卡瑪鈴巴從甘布達山中取出之巖藏法。他成立了一個單一傳承，指派尼達奧賽上師爲此甚深法之主人。

吉祥圓滿！

第3部
附加禱文

◆第1章

中有過程三禱文

中有過程要言

敬禮勝者靜忿尊聖衆。

此為六種中有過程之要言：

啊！

今者生命中有現我前，

將捨懈怠無暇再虛耗。

我將專一入道聞思修，

心與顯相為道證三身。

此時難得一度獲人身，

餘時無多無暇再散亂！

這珍貴的人生是非常短暫的，所以此生中沒有時間可浪費。當我們沈醉在世間八法時，就是在浪費生命；當我們從事聽聞、思惟與禪修佛法時，就是善用時間。在我們現在的狀況裡，現象是以不純淨之相生起，而我們如此執著。這個禱文是祈願顯相生起爲道途。以此訓練，法報化三身就會顯現。在此過程中，你自己的根本上師也會顯現。

以比喻來憶起圓滿閒暇人身是極其稀有的。例如，想像你把豌豆扔向一根朝上的針尖，豌豆能成功地插在針尖上的比率，就像在整個六道中得到人身的比率一樣。另一個有名的比喻是，如果你有一桶豌豆，你把它們摔向牆上，其中一粒豌豆黏在牆上的機會，就像得到人身一樣稀有。

重要的是詳盡地思惟圓滿閒暇人身的性質和價值。仔細思索八種閒暇和十種圓滿，並思惟擁有那一切品質的人身是極難得的。我們現在已獲得和擁有珍貴圓滿閒暇人身，但它將被摧毀，因爲它是無常的。如果我們在得到這個特別的機緣後，卻讓它被浪費掉，這眞是一個悲劇。在我們的生命中，當我們只是失去一兩塊錢時，我們都會相當難受，想著：「哦，眞可惜！我丟掉那麼多錢。」想像浪費了這個可以成就證悟全知境的圓滿閒暇人身，如果浪費一兩塊錢是很可惜的話，那麼失去這麼珍貴的人身會是怎麼樣的情況？

很多人都很聰明，重要的是好好運用我們的才智。一旦得到這個機緣，如果我們持續怠惰修行，只是積極從事世間八法，這就不大聰明而是愚蠢了。一個人可能在世間法上有野心、有活力、能苦幹，但是從佛法修行的角度來說，這個一天工作十八小時的人是懶惰的。如果我們是如此愚蠢地失去這個機緣，我們就是這一群人中的一份子。這是指我們所有的人，我們都是在同一個狀況內。

重要的是好好思索我們的機緣是什麼。例如，我們很多人在過去曾經積極求法，一旦我們得到這些教學後，是不是該修這些法了？我不是說你一定要爲我而這麼做。相反的，我們每一個人都因自己的心結而痛苦。我們整天都帶著它們。假如我們去閉關的話，我們把自己的心結帶進閉關。假如我們住在廟裡，我們把自己的心結帶入寺廟。如果我們修佛法的話，我們把自己的心結帶入修行裡。是我們在受心結的苦，所以我們必須把這些教學用於修行上，而且我們有機緣這麼做。

例如，當人們聽到雙修時，他們完全被老師的言辭所吸引，好像他們的耳朵越長越大。但是，當教學題材轉向輪迴和痛苦的眞相時，他們的眼睛與耳朵也回收到頭裡，甚至他們的身體都好像萎縮了似的。同樣的，當開示大圓滿法時，他們的眼睛擴大，耳朵豎起。從某個角度來說，大圓滿法是完全地簡單。從另一個角度來說，大圓滿是九乘的頂點，是佛法八萬四千集教學的最終開示。聽這些法是很好的，但是如果你沒有牙齒的話，這些法是很難咀嚼的。想眞心爲解脫而努力的佛教徒，我建議你集中在轉心四念上。想要有效地修大圓滿法，先思索這個基礎。

生命是無常的。如想對這事實有一洞察的話，去照顧老年人、生病的人、有重病如癌症或愛滋病的人。當你聽說這些人又碰到他們時，重要的是了解不是只有老人與病人才會面對死亡。他們會死，但我們也會死。世界上每一個人都會死。事實上，如果人們不死的話，我們到底把他們放在哪兒？死亡只是事物的自然常規。這個在過去是眞的，在現在是眞的，在將來也是眞的。在這普遍眞理中，如果我們還持續這個概念：認爲死亡是別人的事而不是我們的，這眞是愚蠢。

佛陀說：「一切組合的現象是無常的。」我們可以從自己的經驗中看到這一點。從我們誕生後，在生命的過程中，每一秒的過去都是無常與改變。我們曾經是很小的嬰兒，我們慢慢長大，然後死亡。這只是事物的自然過程，這是所有衆生的眞相。無常是有情和無情宇宙的眞相，這一切都會腐爛與毀滅。好好的思索這一點。假如你願意對這個題材有更豐富和完整的了解，你應該回到四聖諦和轉心四念的教學上。研讀這些教學，這會對你有益處的。

這些圓滿閒暇人身的教學，出現在六種中有過程中的第一中有過程內，也就是生命中有過程。如果你能在這裡建立良好基礎，得到眞正的見解，當你進入其他中有過程的修行時，就會有好的結果。但如果你忽視這些針對人身等等的生命中有過程教學的話，那麼針對法性中有過程等等的後來教學將會很難成功。

一個人在這些基本修行上沒有建立足夠基礎的一個跡象是，他沒有時間去接受教學，因爲他有太多其他該先做的事情。同樣的，因爲其他優先該做的事，我們太忙以致無時間禪修，好像我們是永生不朽，死亡與我們無關，它只會發生在別人身上似的。有了這種態度，我們就會感覺沒有時間聽法、思惟法，也沒有時間禪修。這就是因爲我們沒有修行的基礎。

你自己觀察這個是否眞的。如果你發現自己有時有這種態度的話，觀察它。例如，還在求學的人會發現念書讓你很忙。時間很緊，你很忙，很容易拖延修行。假如你認爲目前很忙的話，你畢業以後會怎麼樣？你會更忙。在求學和就業的過程中，生命已滑過去了，機緣已滑過去了。年輕時眼前的實際機緣不會在我們年紀大時出現。例如，假如你在年輕時沒有念書的話，在中年或老年時就很難再回到學校念書。如果不把握年輕時的好機緣，年紀大時就更難了。假如這對求學是眞的話，那麼記得佛法會更難。

啊！
今者夢境中有現我前，
應捨疏懶無明如屍睡。
一心善攝住於本性境，

知夢熟悉幻變淨光道。
切莫慵懶貪睡如牲畜，
勤修睡夢瑜伽直見境！

第一中有過程，也就是生命中有過程，給我們今生來世離苦得樂的大機會。另一個機緣是夢境中有過程。首先是了知夢境，然後從事轉變和幻化的修行，最後在夢境中有修行內了悟淨光。

我們都睡覺，當我們睡覺時，我們都作夢。我們都得到這方面的教學，我們也有修習這些法的機緣。那麼我們缺了什麼？我們並沒有實修，我們沒有去試。這個法的好處是你可以在睡覺時修行，以此你可以了悟淨光。在白天我們有機會從事聽聞、思惟與禪修和經歷這道途的果，而且我們在晚間睡眠時也有機會聽聞、思惟並把它們用在禪修上以得到此法之果。如此夜以繼日從事這個過程的話，我們可以成佛，得到自由。那不是很不可思議嗎？

我們有些人找藉口說，白天的工作量太大所以很忙，連坐下來聽聞、思惟和禪修這些法的時間都很難找到。但有多少人能說他們在晚上睡覺時太忙以致無法修行？有些人有大螢幕電視機是接到錄影機上的，他們很積極看電視，甚至經常看到清晨兩點鐘。如果這些人能把這種精進用於佛法修行上，這樣就會很不得了。

啊！
今者禪定中有現我前，
我將捨棄散亂迷惘過。
專一無執離二極端境，
我將穩固生完兩次第。
放棄一切活動專一修，
勿受內心諸妄之打擾。

「專一無執」是這個修法重要的一面。導致我們在輪迴中打轉的理由是分心。我們的心被拉向不同的方向，執著就自然發生。我們把不實存的執著爲實存。我們執著於主客對立。我們執著於好與壞。這一切都是執著的表現，結果是我們不但無法得到解脫，還帶給自己一大堆痛苦。不執著的重要性，並不意謂眞理是空無的，就像一個什麼都沒有的山洞一樣，這就是「虛無主義」的極端。「離二極端境」，指的是不落「虛無」和「永恆」兩極端。

這些禱文談到頭三個中有過程，也就是生命、夢境和禪修穩定中有過程。如果你熟習這些，就不需要懼怕死亡中有過程。即使你在這些修行上並沒有達到極點，但是曾經認眞修過它們，死亡中有就會容易了。

啊！
今者死亡中有現我前，
盡捨貪愛渴執一切事。
專注體會清晰實用法，
無生覺識遷入空自性。
我將捨離血肉之色身，
了知此身無常兼虛幻！
啊！
今者法性中有現我前，
不去怖畏惶恐任何事。
我將認知顯相皆識現，
此皆中有顯相之呈現！
未來到達緊要關頭時，
勿懼自識顯化靜忿尊！

在法性中有過程時，各種聲音與形相會生起，重要的是了知這些是自己的本性，所以不需要懼怕它們。很多人對自己不善行爲的業果表現得非常英勇，我們以勇氣和剛毅從事不善業，而且沒有羞辱感。不幸的是，死亡時我們將很難維持那種勇氣。我們現在擁有對自己未來命運的主控。在此生之後，我們是否會去淨土？我們是否會去善道？我們是否會去惡道？我們會去哪兒？

因爲我們掌握自己的命運，所以目前有機會決定死後往哪兒去。如果我們忽視目前這個機會，而等到死亡就在眼前的話，是很難再主控了。不要以爲你非得聽我的話，因爲你自己會面對這個情形。就如主文裡說到「未來到達緊要關頭時」，這句話意義深遠，因爲你將會面臨這個緊要關頭。到時會如何就看你了。

這個法性中有的敍述是不是眞的？有些人以爲這整個看到靜忿尊顯化的討論，只是針對佛教徒的佛學教義。絕對不是的！所有衆生都有這些經驗。認爲只有佛教徒在死後才看到恐怖現象，而非佛教徒只有好的經驗等等是錯誤的。我們來看這個假設。是否只有佛教徒才有惡夢而其他所有的人只有好夢？是否佛教徒的夢比其他人的差？這個沒有一絲的證據。假如這個是眞的話，那麼因爲夢境中有過程和死後中有過程是非常相似，從其中一個得來的跡象可用來推斷另一個。所以這些修法並不只是針對佛教徒。它也不只是針對人類，很多動物好像都有夢。你有沒有看過狗在睡覺作惡夢時吠叫？所以牠們有同樣的問題。我們現在擁有修這些法的機緣，如果我們浪費修行時間，我們「未來到達緊要關頭時」，就會有大麻煩。

下一個主題是第六個中有過程：受生中有過程。如果你在前面五個中有過程都好好修練，你在第六個中有過程中就會有控制力與修行的自由，例如，去某個淨土。這是你的選擇。如果你沒有任何前面五個中有過程的訓練，你就會在此「緊要關頭」裡。如果想知道你將會如何，就察看自己在夢中的行爲。如果你在夢中不能控制，你又怎能期待在死後中有過程內有任何的控制力、選擇或自由？此外，死後中有過程裡會有很多的迷惑與痛苦，因此，你該怎麼辦？但是假如你在這頭五個裡修習好的話，你就是從一個好地方到另一個好地方。這就像把兩個管道連在一起。

啊！
今者受身中有現我前，
我將一心專注持觀想。
精誠完成未竟之法業，
回想捨棄之由斷受生。
誠摯淨觀正念此其時，

捨棄疑妒觀師雙身相！

你應該視顯相爲男本尊和空性爲佛母。如果你能在這時修行，你就應該把父母親觀想爲在壇城中央的根本上師與佛母。你以服務他人的利他精神進入那個結合，這是你以化身佛的方法投胎。在受生中有過程內你以淨相生起，例如，爲蓮花生大士、爲金剛薩埵。你以那個形相而生起，同時觀想自己將來的父母親爲聖相，然後進入那個雙運的結合。重要的是利他的發心。

因循大意不顧死將臨，
此生惟務無益諸活動。
迷惑多欲導致空手歸，
認知何為所需乃聖法。
你今不修聖法待何時？
慈悲上師如是般垂詢。
上師勸教若不善奉持，
豈非自負欺己無慧人？

回想上師所傳實用之教法。

三昧耶。

中有過程險隘道解脫禱文

敬禮上師本尊及空行，
請領我等入大慈悲道。
緣於迷妄流轉生死際，
口語傳承上師請領我，
深入聞思修習光明道。
無上空行母衆請護持，
解脫中有過程險隘難，
領我成就圓滿真佛地。
緣於憎恨流轉生死際，
金剛薩埵主尊請指引，
趨入大圓鏡智光明道。

無上千美佛母請護持，
安度中有過程險隘難，
領我成就圓滿真佛地。
緣於驕慢流轉生死際，
寶生如來主尊請指引，
趨入大平等智光明道。
無上瑪瑪機母請護持，
安度中有過程險隘難，
領我成就圓滿真佛地。
緣於愛執流轉生死際，
阿彌陀佛主尊請指引，
趨入能分別智光明道。
無上白衣佛母請護持，
安度中有過程險隘難，
領我成就圓滿真佛地。
緣於疑妒流轉生死際，

不空成就佛尊請指引，
趣入成所作智光明道。
度母三昧耶尊請護持，
安度中有過程險隘難，
領我成就圓滿真佛地。

當我們實際進到死後中有過程時，五方佛和五原本智慧生起，向我們顯現。我們就會經歷所謂的「光明道」。我們會聽到某種聲音，看到光線，而且我們會經歷到五方佛與佛母。如果我們現在修行、熟悉於此，死後當我們進入中有過程內，我們就可能認知五方佛、五種原本智慧等等。

這個認知的意義是什麼？是爲了得到解脫。你自己的五毒實際上就是五方佛。了知此，當這些五方佛不同的化顯與眷衆向你生起時，了知他們與你不可分，他們是自顯之相。以此了悟，你就得到解脫。

緣於無明流轉生死際，
毘盧遮那主尊請指引，

趨入法界原本智光道。
無上尊勝空母請護持，
安度中有過程險隘難，
領我成就圓滿真佛地。

啊！

五毒熾盛流轉生死際，
祈願五方佛尊指引我，
趨入四智合體光明道。
五方佛母敬請護持我，
解脫六道輪迴入正道，
領我得入五種淨樂土。

「四智合體」是絕對本性之原本智慧，因爲這是其他四個之源。當我們眞正在中有過程時，不同的光會出現，有與輪迴的六種不淨界對應的光，也有純淨的光。在這兩者中，淨光是與淨土等有關，比較明亮，而與非淨土界有關的則比較暗。因爲它們比較暗，它們比較容易看見，結果，沒有純淨傾向的人會覺得跟隨暗一點的光比較容易。但是透過修行，我們獲得純淨光的潛性，這樣就比較容易跟隨它們。因此，修行的要點是當它們生起時了悟它們。

惡習結業流轉生死際，
聖尊持明勇識請指引，
趨入俱生淨智光明道。
諸空行母聖衆請護持，
安度中有過程險隘難，
領我成就圓滿真佛地。
迷惑顯相流轉生死際，
飲血忿怒諸尊請指引，
趨入無懼無怖光明道。
諸忿怒母聖尊請護持，
安度中有過程險隘難，
領我成就圓滿真佛地。

基於前面六中有過程的教學，我們應該對這些禱文的意義有一些概念。這些禱文特別是指死後中有過程。屆時，我們會聽到不同的聲音，重要的是了知它們是自己本性的聲音。如果你熟習生起次第的修行，或在這一方面有一點背景的話，這會促使你認知這些聲音爲自己的，以及認知不同的忿怒尊衆與空行母等爲自己的本性。以此了知就會得解脫。

如我們在中有過程內無法認知這些顯相爲自己的本性，而把他們視爲其他與我們不同的對象，那麼當我們要找別人來幫助我們逃脫時，這就有點難。因爲我們不是與一個眞正的狀況在打交道，我們是對一個非眞實的事物回應，然後請求拯救脫離本不實存的。

例如，你在森林中遊蕩，遇到（這個天下聞名的）繩子而把它誤認爲一條蛇，之後你發現原來是一條繩子後，你就不需要任何人來救你。但是，如果你沒有認出繩子爲繩子，而還是認爲它是一條蛇，那麼你可能會另外找人來幫助你逃離這恐怖的蛇形東西。那就是問題。最好是能了悟本性，你就不需要別人來助你脫離虛構假想的問題。

願諸空大不起為我敵，
願我得見藍色光佛界。
願諸水大不起為我敵，
願我得見白色光佛界。
願諸地大不起為我敵，

願我得見黃色光佛界。
願諸火大不起為我敵，
願我得見紅色光佛界。
願諸風大不起為我敵，
願我得見綠色光佛界。
願諸聲光不起為我敵，
願我得見靜忿諸尊界。
願諸虹光不起為我敵，
願我得見諸佛純淨土。
認知一切聲音為自聲，
認知一切光體為己光，
一切光焰為己之光焰。
認知中有境界為自性，
祈願三身淨界得顯化。
三昧耶。

護免中有過程怖畏總願禱文

敬禮皈依靜忿諸勝尊。

啊！

當我生命一旦終結時，

此世親眷無能相救助。

獨自漂泊中有過程時，

願大悲者威力垂悲憫，

遣除愚癡無明黑暗境，

獨行中有親愛永別離。

我們的性命可比喻成一盞油燈：它只有這麼多的油，當油用盡時，我們的生命就完了。我們會單獨的死去。當我們進入中有過程時，我們是自己獨去的。要了解這些確定語，就把你的夢境拿來做比喻。如果你是已婚者，即使你們是在同一張床上一起睡覺，但是當你在作夢時，你還是自個兒做。當你在作夢時，不管是好夢或惡夢，無論發生什麼，這都是你自己的經驗。你在作惡夢時，你的妻子對你是否有任何幫助？你的父母親或丈夫在你作夢時有無任何的益處？看起來好像沒有。如果夢境是這樣的話，死後中有過程也是如此。它是一個孤獨之險途，在那個時候此生的親友不會對我們有助益。

自顯空幻影相生起時，
祈願諸佛聖悲憫加被，
解除中有過程諸恐怖。

這裡的要點是自由與否。當我們在沒有佛法訓練的普通狀況下死亡時，我們是沒有自由的死亡。也就是說，我們無法選擇想要去的地方，而是被業力的風暴拋扔。假如我們想要觀察自己死時會有多少自由的話，我們可以看看目前自己有多少自由。關於你的日常生活，你的生命到底有多少自由？在晚上作夢時，你在夢境中有多少自由或控制？看看強迫性概念或思緒擾亂的程度。如果我們不能控制這些的話，那麼我們可以自問：當我們進入死後中有過程內，會有什麼程度的控制，重點是現在就要修行，讓我們白天與晚上有更大的控制力，以促使我們在中有過程內可以得解脫。

五色原本智光生起時，
願識自性無驚無怖畏。
平靜忿怒諸尊示現時，
無怖自信認知中有境。

此禱文的目的是在死後完全沒有疑惑，有信心得到完全了悟。就像認出繩子眞正是一條繩子，而完全消除這是一條蛇的任何概念。

源於惡業諸苦承受時，
願大悲者遣除諸痛苦。
法性自聲空雷震響時，
願悉轉為大乘妙法音。
當我無助隨業漂流時，
唯願本尊遣除受苦業。
惡業結使經歷苦痛時，
淨光大樂悉地願生起。

不管在此生或來世，我們經歷痛苦的原因是因爲我們過去所累積的不善業。如果我們現在修行，爲死亡過程做準備，我們就爲中有過程做好準備了。但是如果我們在此生還不理會基本的美德與避免不善業，那麼當我們進到中有過程內，就很難接受大悲觀世音或任何其他佛陀顯化身的保護。我們在那個時候經歷的是自己行爲的結果。

當我們在中有過程內聽到「雷聲」時，重點是了知這個聲音爲自己的本性，由此得到解脫。如果我們把那個聲音攀執爲非自性的普通聲音，恐懼就會生起，而我們不會在那個中有過程內得到解脫。當你認出它的自性時，這個聲音會轉化爲大乘法音。同樣的，如果我們現在可以認知聲音爲法性的自然聲音，不執著於它們爲普通聲音，以此淨觀，貪愛、厭惡和妄念就不會生起。

在「隨業漂流」時，憶起你的本尊，你就可以獲得庇護。當痛苦生起時，意識到你並不是被某人或別的東西懲罰，相反的，這只是你自己過去的潛伏習性與行爲的結果。

願五元素不生起為敵，
願我得見五方佛淨土。
當我化生受生中有時，

願我無魔預言誓做障。

投生入此中有過程內，不是從子宮出來的眞正誕生。它是純粹幻覺，故稱「奇妙化生」。有惡性潛伏習性的人，可能看到一些幻相，或聽到一些聲音，而使他們走入迷途。當他們走向淨土時，可能有些干擾會生起，導致他們往三惡道投生或者掉回輪迴。這個禱文是讓你避免那個可能性，使任何退轉的預言都不能兌現。

當我到達意願之處時，
不受迷惑惡業之恐怖。
食肉猛獸咆哮惡吼時，
願皆轉成六字明咒聲。

在中有過程內，你可能聽到類似被殘忍凶猛的動物追擊的聲音。這個禱文是祈請在那個時候，這些聲音會轉變爲六字大明咒的法音，也就是「嗡嘛呢佩美吽」。

風雪雨暗諸逆逼迫時，

願得明晰原本智慧眼。
同界中有一切諸眾生[58]，
勿相疑嫉往生上勝道。
當我極受飢渴眾苦時，
願除飢渴寒熱諸苦痛。
未來父母見其方交合，
視為慈悲本尊雙運身。
願我如願隨處能轉生，
為利他故願得諸相好[59]，
一旦獲得圓滿利根身，
見聞我者悉令得解脫。
願我不再追隨惡業行，
善根功德具隨且增益。
願我轉生任何處與時，
生生得遇本尊上師緣。
願我初生即能言語行，

能憶多生宿命智慧通。
一見聞思隨即通曉知，
不同上中下殊勝品質[60]。
願我生處具足諸吉祥，
一切有情皆和順安樂。
願得靜忿諸尊莊嚴身，
眷屬壽量淨土等同尊。
無上大小印記皆擁持，
所有我等同證尊悉地。
藉由靜忿諸尊大悲力，
原本法性真實加持力，
真言密部專持相應力，
今此祈願一切皆圓成。

後記：以上爲烏金聖主蓮花生大士所撰寫〈全部成就自然解脫：中有過程禱文〉。三昧耶。

封印，封印，封印。

以上為成就者卡瑪寧巴從甘布達山中取出之巖藏法禱文。

吉祥圓滿！

祈請諸佛菩薩加被禱文

敬禮勝者和平忿怒尊。

（死亡將屆時，向諸佛菩薩祈求禱文如下。預備實際供品、觀想之供品獻予三寶。合掌拈香，誠心念誦如下：）

諸佛及菩薩，十方常住世，
具大慈大悲，全知及聖眼。
憐憫眾有情，世間唯依怙，
慈悲請降臨，納受諸獻供。
尊具原本智，慈悲證覺行，

無量護佑力。祈求大悲尊，
今有某姓名（念名字），捨現生往彼，
將離此世界，聖尊請護佑。
極苦無友伴，無救援庇護。
生命正凋零，離此去異界。
進入大黑暗，將墜大懸崖。
業力追逐故，落入無邊荒[61]。
或捲入大海，業力風吹故。
步上無盡旅，或入大爭戰。
被大魔拘捕，鬼卒倍殘酷。
業報無窮盡，我無能自主。
單獨赴黃泉，時刻已來到。
願諸佛菩薩，提供庇護所。
為無依怙者，提供救護力。
為無友伴者，相伴做扶持。
令離中有難，扭轉大業風。

免受閻王怖，令我得脫離。
中有險隘難，祈求大悲尊。
願不捨悲憫！救助我不墜，
痛苦三惡道！不捨前誓願，
速現慈悲力。願諸佛菩薩，
以慈力方便，大悲護佑我！
勿讓己心念，隨惡業淪落。
願三寶加持，免除中有難。

在場者，包括你自己和其他人，共念三次。願此〈祈請諸佛菩薩加被禱文〉常存，直至輪迴盡成空。三昧耶。

封印，封印，封印。

吉祥圓滿！

◆第2章
廣大三身自然解脫：藉思憶靜忿尊自然解脫禱文

嗡阿吽。

廣大遍布原本法界中，
法界法身普賢如來前，
無作廣大領域[62]前祈請，
自發本淨界中得加持。
廣大無矯自發法界裡，
法界報身金剛持尊前，
生死無分領域中祈禱，
自發大樂境中得加持。
無止清純明點廣域中，
法界化身金剛薩埵前，

覺識空性不二境前祈，
空與自顯境中得加持。
廣大自顯自發展示中，
報界法身毘盧遮那前，
顯相空性不二境前祈，
自發淨相境中得加持。
廣大自發明淨大樂中，
報界報身五方佛尊前，
明空不二境前敬祈請，
自發大樂境中得加持。
廣大自顯原本真智中，
報界化身金剛手尊前，
聲空不二境前敬祈請，
廣大原本解脫得加持。
廣大自顯本智淨光中，
化界法身金剛薩埵前，

念空不二境中敬祈請，
顯相解脫界中得加持。
離念造作自發顯相中，
化界報身三主尊眾[63]前，
自發自解境中敬祈請，
自發智慧慈境得加持。
無量無止自生顯相域，
化界化身六大賢者[64]前，
集念自然解脫境前祈，
多種自解境中得加持。
廣大無染蓮花光境中，
奇蹟化身蓮師尊座前，
雙運大樂境中敬祈請，
自發事業境中得加持。
深廣大樂自發本智中，
唯一佛母耶雪綢嘉前，

善巧智慧不二界中祈，
自發淨相境中得加持。
廣大自覺本智心藏中，
化身尋寶傳承上師前，
至心虔敬信心境前祈，
無止慈悲境中得加持。
廣大淨如虛空法界中，
思憶靜忿衆尊解脫法，
無所緣性遍廣境前祈，
自覺自解境中得加持。
廣大基礎自顯淨相中，
不斷慈悲靈性導師前，
強烈信心虔誠境前祈，
自心法身廣域得加持。

基本上是有兩種基礎。一個是我們所累積、出現在我們經驗中無數潛伏習性之如鏡基礎。

當那個基礎的本性被認知，它就被視爲原本眞相的基礎，也就是相等於法身。從法身化出報身，從報身化出化身。當這個基礎未被認知，它只是無數潛伏習性之基礎。

麻哈阿努阿提瑜伽前，
法身至高無上三教法，
遍布廣大境中得加持。
事部、行部、瑜伽密部前，
報身界中無上三教法，
生完次第不二得加持。
大藏經律論前敬祈請，
化身界中無上三教法，
世間自成福祉得加持。
慈悲攝受願悉九乘法。
如微塵衆諸佛座前祈，
法身聖衆一塵中現身，
加持我等證悟等同尊。

無量十地菩薩座前祈，
報身界中主尊與眷眾，
加持我等證悟等同尊。
菩薩聲聞緣覺四衆前，
化身界中主尊與眷衆，
加持我等證悟等同尊。
圓融無捨無生無作思，
加持證解法身之禪思。
多重無二明空無自性，
加持證解報身之禪思。
無量精進勇猛如獅王，
加持證解化身之禪思。
遍布虛空宇宙淨界中，
願我成為法身佛弟子。
奇花嚴飾淨土基質中，
願我成為報身佛弟子。

憶萬亙古存在銀河界，

願我成為化身佛弟子，

應化服務隨順眾生願。

附記：願此殊勝〈廣大三身自然解脫：藉思憶靜忿尊得自然解脫禱文〉常存，直至輪迴盡成空。此為卡瑪鈴巴尋出之巖藏法。

願一切吉祥圓滿！

◆第3章

三毒不棄自然解脫：三身上師相應禱文

此禱文是關於三身，也提及整個九乘。「三毒」是指：愚癡、憎恨和貪愛。當你了知愚癡（無明）的眞實本性時，你就會看出它爲法身。當憎恨的本性被了知時，它就被視爲報身。當你了知貪愛的本性時，你就會把它視爲化身。

嗡阿吽。

離念無生法身上師前，

原本法界遍布宮殿中，

我以至誠虔敬心祈請：

無明愚癡無摒得自解，

法身本淨加持自灌頂，

自成無作自生原本智。

大樂不斷報身上師前，
清淨大樂原本智宮中，
我以至誠虔敬心祈請：
貪執攀緣無摒自解脫，
報身自發加持自灌頂，
自解自知本智與大樂。
隨緣[65]自顯化身上師前，
蓮花無瑕純淨宮殿中[66]，
我以至誠虔敬心祈請：
誤解憎恨無摒自解脫，
化身自解加持自灌頂，
自解自顯本智與自覺。
無邊大樂三身上師前，
圓滿淨光自覺宮殿中，
我以至誠虔敬心祈請：
客我執著無摒自解脫，

大樂三身加持自灌頂，
自成自生本智與三身。
哀哉每一悲慘之衆生，
無明愚癡漂泊輪迴道，
不明無偏法身為自心，
願衆皆得成就法身佛。
哀哉迷妄愛欲諸衆生，
緣於愛執漂泊輪迴道，
未曉大樂報身為自識，
願衆皆得成就報身佛。
哀哉迷誤觀念諸衆生，
恨怨妄相漂泊輪迴道，
未曉顯（化）解（脫）化身為自心，
願衆皆得成就化身佛。
惜哉未成佛果諸衆生，
未識無分三身為自心，

事理二障[67]執著於自心，

願衆皆得成就佛三身！

附記：《藉思憶自然解脫：六種中有過程經驗教導》中之〈三毒不棄自然解脫：三身上師相應禱文〉，是由蓮花生大士所撰寫。願此法常存，直至輪迴盡成空。這是卡瑪鈴巴尋出之巖藏法。

願吉祥圓滿！

結語

六中有過程的教學已完成。我從舊金山這兒來領法的生病的學生身上得到激勵，而來傳授這些教導。他們鼓勵我並支持我傳法。他們使我非常感動，因爲他們知道修行的價值。他們就像很久沒有得到佛法的人，一旦得到以後，就夜以繼日地專注在修行上，精進地修這些法。他們沒有別的思想或掛念。這些人很穩定，總是按時來上課。他們給予我傳法的靈感和力量。這些是我給此法的狀況。這些法是在這樣的狀況下傳出。我傳授這些教導，是希望它們可以利益你們。好好修這些法，並從中得到益處。如果你希望拿到更詳盡的教導，可以請求其他喇嘛給予這些題材更廣泛的詮釋。

爲什麼有病的人會受到特別的激勵？這些人就如一張倒了油的紙，而油完全沁入紙內。同樣的，這些生病的人得到教法後，這些教法就浸入他們心裡。相反的，一些老學生就像被扔向牆上的壘球，壘球和牆都不受影響。任何你能從事的善業和避免的不善業，都會對你有益處。我談到生病的人，但是我們其他沒生病的人又怎麼樣呢？我們都將死亡。我們正走向死亡的途徑上，如果我們感到自己是不會死的話，那只是自大的表現。如果你認爲痛苦不能傷害到你，那你很了不起。或者你從死神那兒得到一些特權，以致你在死亡過程中與之後不會有任何的痛苦，那很好，你就沒有問題。但是，如果你沒有能力避免死亡或死時的痛苦，那麼以上所有的解說就是針對你。請迴向得到這些教法的功德。

譯註

❶**當藏文**（bar do）只是指死後和受生前的階段，把它譯爲「中有境」（intermediate state）是沒有錯的。在六種中有過程（bar do）的教法內，它是包括整個輪迴和涅槃，以「中有境」爲代表已不妥當。所有的階段：生命、禪修、夢境等等，全都是轉移的過程。它們都是在其他階段之間。它們都是正在進行中。因此這裡將「中有」（bar do）翻成「中有過程」（transitional process）。

❷**三身**：法身、報身、化身。

❸**世間八法**：指執著於得、失、毀、譽、稱、譏、苦、樂。

❹**五毒**：貪愛、憎恨、妄念、傲慢和嫉妒。

❺**轉心四念**：思惟圓滿閒暇人身極難得、思惟死亡與無常、思惟輪迴之苦，與業力的性質，和它們的通常結果。

❻**八種閒暇**：是免於誕生爲地獄，爲餓鬼，爲動物，爲天神，誕生於無文化之地，誕生爲有妄

念的人，誕生在佛未出現之處，誕生爲愚蠢的人。**十種圓滿**：是分五種內在與五種外在條件。五種內在條件是生爲人，生在有佛法的國土，擁有所有五種感官，未犯惡業，對佛法有信心。五種外在條件是誕生之地有佛來過，有佛之口傳教義，教義流傳至今，被傳於教法，有精神指導者的協助。

❼**精進**：英文的「堅忍」(perseverence) 是一個相當弱的翻譯。藏文這詞指的是對佛法和美德的欣喜。它時常被譯爲熱心 (enthusiasm) 或熱切的堅忍 (enthusiastic perserverance)，但它實際上是對佛法修行的欣喜和熱心。

❽**好家庭子女**：是指有大潛力和機緣去修佛法的人。

❾**尋香城**：有天女或弄樂者的城市。

❿**無所緣** (non-objective)：藏文爲「dmigs med」，指眞相是不由主觀之心所生起的眞相。當心超越主客的二元對立時，它是無經媒介所經歷的。

⓫**六道業報城**：指輪迴六道。

⓬**勝者**：梵文爲「Jina」，是佛的一個名號。

⓭**三界**：欲界、色界和無色界。

⓮**聖賢衆**：對絕對眞理有直接證悟者。

⓯**本質**是essence，**本性**是nature，**慈悲**是compassion。

⑯根據Bod rgya tshig mdzod chen mo (tse tan zhab drung, dung dkar blo bzang phrin las, & dMu dge bsam gan. Mi rigs dpe skrun khang, 1984), Vol. III, p. 2783, 藏文的（lu gu rgyud）直譯為一條繩子把羊群綁成一排。這兒是以隱喻形容相互連接的一串，這個意思反映這詞的語源，因為藏文的「lu gu」是「lug gu」的另一拼法，意思是「羊」（Ibid., pp. 2781 & 2782）。「rgyud」意思是「連續」（continuity）。英譯者把「lu gu rgyud」譯為「縷串」（strand），中譯者在法性中有過程的教法中，加上一般習用的用法「金剛鏈」而成為「金剛鏈縷串」。

⑰仁波切說此處可能是五方佛加上金剛持。

⑱**護法守誓衆**：是護持三昧耶的護法或守護者。

⑲**四心續**（four continua）：是以四灌頂淨化心結之四流。

⑳這是被卡瑪鈴巴尋出，蓮花生大士的巖藏（Zab chos Zhi Khro Dgongs pa Rang Grol Gyi rDzogs-rim Bar do Drug gi Kyrid Yig）的翻譯。

㉑**完成次第**（completion stage）：藏文為「dzog rim」，意為圓滿或完成，或譯為「圓滿次第」。為了忠於英文翻譯，也為了分辨完成次第與大圓滿，所以中譯者決定用「完成次第」，而不用一般通行的「圓滿次第」。

㉒**基本修行道**：指聽聞、思惟與禪修佛法。

㉓**明記**（mindfulness）：藏文爲「dran pa」，是專注於觀察或修行的對象而不忘記或不散失。**自省**（introspection）：藏文爲「shes bzhin」，是心的作用去檢視心，看它是否在明記禪修的對象，以及怠惰與激擾是否生起。這兩個是在修禪靜時很重要的品質。**謹愼良知**（conscientiousness）：藏文爲「bag yod」，是以分別識去審查身、語、意的行爲，來保護我們不去追隨不善業。

㉔**正確的姿勢**：藏文爲「trull khor」或「phrul khor」，特別的姿勢或運動。

㉕**脹大之氣球**：直譯是脹大的胎盤。

㉖**兩小圓點**：藏文爲「visarga」，是一個在另一個之上，在字的右邊。

㉗**善逝**：這是佛性和如來藏的同義詞。

㉘**根本智的無瑕唯一慧眼**：這句是源自《念誦文殊名號經》。

㉙**虛無**：是虛無論者的虛無，是斷然無生氣的虛無。

㉚**相**：這詞與西方觀念的概念結構相似。法身不是基於任何概念結構或構造。

㉛**原本智之智慧無偏頗**：這一句暗示原本智慧可平等地看見眞理所有面。

㉜**五大**：地、水、火、風、空。

㉝**增添**：指的是把本來不在的東西加在眞理上，**否認**：是拒絕本來已經存在的東西。

㉞不要把此聲稱誤會爲神學觀念的外在創造者或宇宙之主，因爲此覺識是整個輪迴與涅槃的

本性。

㉟**四種補救法**：指一、懺悔的對象（如金剛薩埵）。二、強烈的懊悔和對所從事的不善業感到不滿。三、約束的意願：將來不再犯同樣的行爲。四、以對治法來淨化不善業。

㊱這是過度用力的毛病，修得太用力以致夢境的認知把我們弄醒。

㊲這是指純淨和不純淨幻身。

㊳**禪修穩定**（meditative stabilization）：藏文爲「bsam gtan」，梵文爲「dhyana」。

㊴**禪定**（meditative equipoise）：藏文爲「mnyam bzhag」，梵文爲「samahita」。在此修法內，「bsam gtan」與「mnyam bzhag」是同義詞。

㊵星象計算對此修法不相關，而是需要所有的時間都照著法修。

㊶幻想的性質被投射出，但它自己的本性是原本的。

㊷佛果是原本的，所以它不需去成就。我們所有的問題是因爲執著於顯相而生起的。

㊸**密處**：爲受生門竅，是男女生殖液產生處。

㊹此處所教導的修法，你在把明點提升與降落時的整個過程中念「黑卡」。但根據其他某些傳承，當你把它提升時，你念「黑，黑，黑」，而當你讓它降落時，是念「卡」。

㊺**聚集命氣**：暗示一旦死亡之近期徵兆已明顯時，你確定死亡不能避免，就把命氣做一終結。

㊻**特別對象來得到功德**：指的是能「特別獲取功德之對象」，如你的本尊和所有皈依與虔敬的

對象。

㊼**五種舍利**：是在火化後出現。

㊽**藥叉**：這詞包括不同種類的衆生，但這兒也許是指阿修羅，他們可能幫助或阻擋衆生。藥叉也是一種與財富有關的神，另外是指某種特別的動物。

㊾**偉大慈悲主**：這是指觀世音菩薩或任何死者的信心對象。

㊿在卡瑪恰美所著的《大手印與大圓滿雙運》中引相同經典內容：「藉著報身睡象姿，行者體會法性，而以蓮花眼視物。在化身姿勢仙人坐，行者以法性顯化，而以法眼視物。」

51 **門竅**：指眼睛。

52 **心際**：梵文爲「citta」，這兒是指心。

53 **覺受增進光景**：或譯爲「明體進詣顯現」。

54 也就是說，一旦達到此階段的修行時，你不會再經歷死後中有過程。或即使你經驗此中有過程，你會認知它的本性，得到即刻的證悟。

55 **滿月**：是指農曆新月至十五號或滿月。

56 **上等修行者**：是指已精通生起次第和完成次第的人。

57 嘉初仁波切講述，有英文出版。

58 相同的衆生是在中有過程中與自己類似的衆生。

❺❾**諸相好**：是佛的三十二相和八十種好，有時被稱爲佛的大小印記。

❻⓿這是指能夠認知小乘、大乘和金剛乘的教學。

❻❶**無邊荒**：指你完全孤單無友、無伴、無支持。

❻❷**無作廣大領域**：是指此禱文的對象、禱文的媒介和禱告的行動都是無實存的。並不是它們都不存在，而是它們都屬於覺識的本性。

❻❸**三主尊衆**：是金剛手、觀世音和文殊菩薩。

❻❹**六大賢者**：是六個證悟者，各出現在輪迴六道中。例如，釋迦牟尼佛是人道的「賢者」，阿修羅、天道等等都各自有自己的賢者。

❻❺**隨緣**：此詞意思是不能預測的，例如，它不依照任何預定的規律或慣性。

❻❻此宮殿是在阿彌陀佛極樂淨土。

❻❼**事理二障**：事障或稱煩惱障，理障或稱所知障。

生命中的不可不讀

聖嚴法師等16位名家合著

◉定價240元

生命需要醍醐灌頂。從使人覺悟的經典中，多位名家各有領悟：

聖嚴法師：歷史上的釋迦牟尼佛雖已涅槃，我們無法親炙，但實際上，佛陀未曾離此世界。

林清玄：大乘行者是踩在最壞的土地上，還能開出美麗的花，而且環境越壞，他開出的花就越美麗。

王鎮華：只要能看得到自己身上的過，實踐的道路就出來了。

葉曼：不給自己和別人增煩惱，就從生活的「簡單化」開始。

楊郁文：我對佛法探索的重點，開始轉向思考「什麼是對我當前生活最直接有力的指引法門」。

廖閱鵬：修行，其實就在日常生活。如果有離開日常生活的修行，那一定是充滿幻相的浪漫想像。

梁乃崇：心不能有任何一點點牢籠，不管這個牢籠多偉大，都必須超越！如此心靈才能徹底自在解脫。

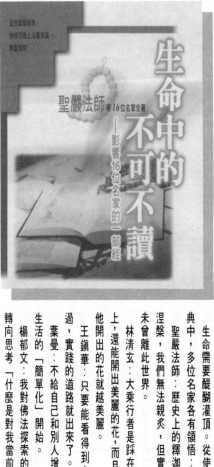

大轉世

河邑厚德、林由香里 著
李毓昭 譯

◉定價230元

人從哪裡來？人往何處去？果眞有前世和來生嗎？人死後的世界如何？一本隱藏在佛典裡的《西藏度亡經》，爲人類解開生死與輪迴轉世的千古之謎。不但是對死者超度亡魂，也是對生者的死亡教育。

過去，這本流傳兩千五百年超度亡魂的特殊經典，只在西藏境內供作葬禮之用。然而二十世紀卻在西方引起很大的回響，甚至成爲六〇年代美國年輕人的案頭書。近來又因與靈魂出竅、看到光靈等臨死體驗的研究結果一致，而廣受歐美科學界的矚目。

本書描寫西藏人豁達的生死觀，並藉著密宗輪迴轉世的宗教觀，以及達賴喇嘛現身說法的死亡思想，來探索死後世界的奧祕，是生死學上的經典之作。

國家圖書館出版品預行編目資料

密宗大解脫法／蓮花生大士原著；嘉初仁波切講述；Alan Wallace英譯；楊弦，丁乃筠中譯. --初版. --臺北市：圓神，1997 [民86]
面； 公分. -- (圓神叢書 ; 240)
譯自：The profound dharma of natural liberation through contemplating the peaceful and the wrathful
ISBN 957-607-301-4 (平裝)

1.密宗

226.91 86014123

ISBN 957-607-301-4

圓神出版社 YUAN-SHEN PRESS

◎圓神叢書240

密宗大解脫法

原　　著／蓮花生大士
講　　述／嘉初仁波切
英 譯 者／Dr. Alan Wallace
中 譯 者／楊弦・丁乃筠
發 行 人／曹又方
出 版 者／圓神出版社有限公司
地　　址／台北市南京東路4段50號6F之1
電　　話／五七九六六〇〇・五七九八八〇〇
傳　　眞／五七九〇三三八・五七七三二二〇
郵撥帳號／一八五九八七一二　圓神出版社有限公司
登 記 證／行政院新聞局局版台業字第六三六九號
責任編輯／廖閱鵬・應桂華
美術編輯／黃昭文
校　　對／楊弦・丁乃筠・廖閱鵬・沈素娟
原 書 名／The Profound Dharma of Natural Liberation through Contemplating the Peaceful and the Wrathful
原出版著／Wisdom Publications, Inc.
法律顧問／蕭雄淋律師
印　　刷／祥峯印刷廠
一九九七年十一月　初版
二〇〇九年一月　十刷

●定價280元

Printed in Taiwan